En route vers... le DELF A2 scolaire et junior

Tout pour réussir l'examen

Emmanuel Godard
Philippe Liria
Jean-Paul Sigé

En route vers... le DELF scolaire et junior

Le Diplôme d'Études de Langue Française (DELF) est une référence dans le monde entier pour certifier les connaissances en français. Ce diplôme a évolué avec le temps, et le Centre International d'Études Pédagogiques (CIEP), établissement public du ministère de l'Éducation nationale français, l'a actualisé pour l'harmoniser avec le Cadre Européen Commun de Référence pour les Langues (CECR). Pour mieux répondre aux centres d'intérêt des plus jeunes, le CIEP a aussi mis en place le DELF scolaire et junior. Comme les chiffres le démontrent, ce diplôme connaît un véritable succès et est en passe de devenir l'examen de français par excellence dans les collèges de nombreux pays.

Forts de notre expérience avec *Les clés du nouveau DELF*, nous avons voulu combiner ce savoir-faire qui a été la clé du succès de cette collection de référence et les particularités de ce diplôme pour le public de l'enseignement secondaire pour proposer un manuel qui va aller au-delà du simple entraînement à l'examen. Son titre, *En route vers... le DELF scolaire et junior*, n'est d'ailleurs pas anodin : il contient bien sûr des exercices et des tests, mais aussi de nombreux conseils d'usage de la langue et des informations culturelles et de civilisation ; il fournit aussi des stratégies pour aborder chacune des épreuves. *En route vers... le DELF scolaire et junior* n'est donc pas un simple ouvrage de « delfotage », il permet aussi à l'apprenant, futur candidat, de se munir des outils qui le rendront véritablement compétent le jour des épreuves.

Tableau récapitulatif des diplômes disponibles du DELF scolaire et junior

CECR	DELF scolaire et junior	Durée des épreuves
A1 Élémentaire	DELF A1	1h 25 (+ 10 min préparation PO)
A2 Survie	DELF A2	1h 50 (+ 10 min préparation PO)
B1 Seuil	DELF B1	2h 00 (+ 15 min préparation PO)
B2 Indépendant	DELF B2	2h 50 (+ 30 min préparation PO)

Le contenu d'En route vers... le DELF scolaire et junior

Une structure simple et efficace
Les cinq unités thématiques de ce manuel comprennent chacune des rubriques lexicales, grammaticales et phonétiques, ainsi qu'un examen d'entraînement avec des recommandations pour les différents types d'épreuves.

Le lexique et la grammaire
Chaque unité est divisée dans un premier temps en Lexique et Grammaire. L'élève y trouvera des activités regroupées autour de thèmes (cinq au total) pour réviser ou approfondir en contexte les aspects lexicaux et grammaticaux élémentaires requis pour le niveau A2 du CECR. En marge de ces activités, chacune des rubriques comprend des encadrés sous forme de post-it qui apportent des informations complémentaires sur des aspects précis de la langue écrite ou orale (post-its bleus) ou des remarques culturelles ou de civilisation (post-its jaunes). La plupart des activités ont été conçues pour permettre un travail de manière autonome : les élèves peuvent les faire à l'écrit et vous les remettre. D'autres ont été conçues dans le prolongement du travail individuel et permettent de mutualiser, en classe, les compétences de chacun autour d'une activité écrite ou orale. Dans ce cas, les professeurs sont invités à privilégier le travail en binôme ou en groupe. À la fin de cette rubrique, vous trouverez un mémento grammatical qui récapitule et explique de façon simple et rapide les formes travaillées dans l'unité.

La phonétique
Elle rappelle et complète en une page par unité les aspects phonétiques fondamentaux appropriés au niveau A2. Les exercices de phonétique sont accompagnés d'un support audio. Les élèves sont aussi invités à enregistrer leur production et à vous les remettre.

Cinq épreuves d'entraînement au DELF scolaire et junior A2
Chaque unité comprend un examen d'entraînement divisé selon les quatre épreuves de l'examen. Pour chaque partie de l'examen sont fournis des conseils pour aborder au mieux chacune des épreuves. La dernière unité contient aussi la grille d'évaluation, afin que les futurs candidats connaissent les critères d'évaluation.

Quatre examens blancs complets

Vous trouverez quatre examens blancs complets qui vous permettent de mettre vos élèves dans des situations d'évaluation.

C'est donc un total de neuf examens d'entraînement au DELF que vous propose *En route vers... le DELF scolaire et junior*.

Tableau récapitulatif des épreuves du DELF scolaire et junior A2

NATURE DES ÉPREUVES	DURÉE	NOTE SUR
COMPRÉHENSION DE L'ORAL (CO) Réponse à des questionnaires de compréhension portant sur trois ou quatre courts documents enregistrés relatifs à des situations de la vie quotidienne (2 écoutes). Durée maximale des documents : 5 min.	25 min. environ	25
COMPRÉHENSION DES ÉCRITS (CE) Réponse à des questionnaires de compréhension portant sur trois ou quatre courts documents écrits ayant trait à des situations de la vie quotidienne.	30 min.	25
PRODUCTION ÉCRITE (PE) Rédaction de deux brèves productions écrites (lettre amicale ou message) : • Décrire un événement ou des expériences personnelles. • Écrire pour inviter, remercier, s'excuser, demander, informer, féliciter, etc.	45 min.	25
PRODUCTION ORALE (PO) Épreuve en trois parties : • entretien dirigé • monologue suivi • exercice en interaction	6 à 8 min. (préparation :10min)	25
Seuil de réussite pour obtenir le diplôme : 50/100 Note minimale requise (pour chaque épreuve) : 5/25	Durée totale des épreuves : 1 h 40	Note totale 100

En route vers... le DELF scolaire et junior : des activités motivantes, agréables et en contexte

Dans ce livre, nous n'avons pas voulu perdre de vue deux aspects fondamentaux qui rendent plus efficace la préparation à un examen : la motivation et le plaisir des yeux. C'est pourquoi nous avons résolument fait le choix de proposer des activités actionnelles qui impliquent réellement le futur candidat dans ce qu'il fait et nous l'avons fait en soignant particulièrement la présentation graphique et le choix des couleurs.

Dans les énoncés, nous avons délibérément choisi d'alterner entre le tutoiement (partie Lexique et Grammaire) et le vouvoiement (entraînement aux examens), afin de refléter une double réalité d'usage de la langue française que les élèves doivent progressivement assimiler.

Un Livre du professeur + CD-Rom

Enfin, vous trouverez pour votre préparation des informations complémentaires, des conseils d'évaluation, les corrigés des exercices et le CD-Rom contenant tous les documents audio, les transcriptions et les épreuves des examens blancs dans *En route vers... le DELF scolaire et junior*, guide du professeur.

Il ne nous reste plus qu'à souhaiter qu'*En route vers... le DELF scolaire et junior* guide les futurs candidats sur le chemin de la réussite à ce prestigieux examen.

Les auteurs

TABLE DES MATIÈRES

Les examens commentés, les solutions, les transcriptions et un CD-Rom avec PDF figurent dans le *Guide du professeur*.

Mes études

1

Dans cette unité, nous allons parler de notre vie scolaire

Tout pour...
- parler de la vie scolaire
- décrire une expérience de stage
- parler d'intentions
- justifier un choix

Tout pour bien employer...
- le passé composé (auxiliaires et participes passés)
- le présent continu
- quelques indicateurs temporels
- l'énumération

Entraînement au DELF scolaire et junior A2
- le message sur répondeur (CO)
- le courriel (CE)
- la rédaction d'un texte (PE)
- le monologue suivi (PO)

1 Comprendre une biographie

Leyla Zahlé est une jeune chanteuse. Sa biographie n'est pas longue, mais elle est en désordre. Remets-la dans l'ordre.

▸ À l'âge de 10 ans, ses parents décident de s'installer à Paris. ....

▸ Elle forme le groupe *Les mentalos* avec ses deux meilleures copines. Le groupe se produit dans des petites salles de concert de province. ....

▸ Enfant, elle découvre la musique avec son père, guitariste et chanteur dans un groupe amateur. ....

▸ Elle est née dans un village du sud de la France, pas loin de Montpellier. ....

▸ *Les mentalos* connaissent le succès avec une chanson que Leyla décide de mettre sur Internet. ....

▸ À partir de ce moment-là, le groupe devient l'idole des jeunes ados. ....

▸ Au lycée, elle fait la connaissance de Sarah et de Laure. Elles deviennent inséparables. ....

▸ Arrivée à Paris, ses parents l'inscrivent à un cours de chant. ....

2 Presse people : la vie des stars

A. Connaissez-vous le vocabulaire des magazines ? Complétez ces articles à l'aide des mots de la liste. Attention, il faut parfois les conjuguer, placer un article devant ou les accorder !

> trouver - adopter - avoir - divorcer – célibataire - séparation
> échec - quitter - se séparer – succès – tomber amoureux

♥ Les rumeurs disent que David Beckham _____ de Victoria. Le couple a immédiatement convoqué la presse pour dire qu'ils ont jamais eu l'intention de _____. Le footballeur a profité de l'occasion pour annoncer que Victoria et lui se sont inscrits à un cours de cuisine.

♥ Avant de connaître le _____ au cinéma, Georges Clooney a été une star du petit écran dans la série américaine *ER*, connu en France sous le titre de *Urgences*. On dit que toutes les femmes _____ de lui !

♥ On dit que le prince William _____ sa jeune fiancée. La famille royale n'a fait aucune déclaration sur cette rumeur de _____ ..

♥ Paris Hilton se serait-elle calmée ? On l'a vue seule dans les rues de Paris et dans une tenue particulièrement élégante… La riche héritière deviendrait-elle élégante pour ne plus être _____ ? À suivre…

♥ Johnny Depp a commencé sa carrière artistique dans un groupe de rock, mais c'est grâce à Nicolas Cage qu'il est devenu acteur. Il _____ l'amour dans les bras de Vanessa Paradis, la chanteuse et actrice française.

♥ La presse a suivi de très près la relation de Shakira avec Antonio de la Rúa : malgré _____ annoncé, la chanteuse colombienne a l'air très heureuse avec l'Argentin.

B. À ton tour, écris deux articles sur le même modèle.

6 | six | Unité 1

3 Les études

Axel Lebrun veut faire une formation dans un lycée technique. Pour cela, il a un entretien avec un conseiller d'orientation. Associe les questions et les réponses.

QUESTIONS

1 Que voulez-vous étudier ?
2 De quel établissement venez-vous ?
3 Et pourquoi préférez-vous ces études ?
4 Quelles sont vos matières préférées ?
5 Comment vous appelez-vous ?
6 Vous avez pensé à une spécialité ?
7 En quelle classe êtes-vous ?
8 Où pensez-vous faire ces études ?

RÉPONSES

a Je suis en troisième.
b J'aime bien les sciences, l'informatique et les mathématiques.
c Parce que j'aime bien créer des sites Internet.
d Axel Lebrun.
e Non, pas vraiment. Je vais peut-être me spécialiser dans l'application informatique.
f Je voudrais faire des études informatiques.
g Je suis au collège Jean Jaurès de Castres.
h Je voudrais faire une prépa et intégrer l'École Supérieure en Sciences Informatiques de Sophia-Antipolis.

4 Expliquer des intentions

A. Réponds aux questions suivantes puis lis les solutions.

LE COLLÈGE
En France, on commence le collège juste après l'école primaire, à l'âge de 11. Il comprend quatre niveaux : la sixième, la cinquième, la quatrième et la troisième. Cette dernière année est très importante pour orienter l'élève vers une seconde générale ou technologique ou vers une seconde professionnelle ou une première année de préparation au Certificat d'Aptitude Professionnelle (C.A.P.)

LE LYCÉE
La seconde est la première classe du lycée. C'est souvent après cette classe que les lycéens doivent choisir entre un bac général ou un bac technologique. Si un lycéen suit la voie générale, en première et en terminale, il doit choisir sa série (E.S = économique et social, L = littéraire ou S = scientifique). Il peut aussi opter pour une formation technologique (S.T.L = sciences et technologies de laboratoire, S.T.I. : sciences et technologies industrielles, T.M.D. : techniques de la musique et de la danse, etc.). À la fin du lycée, les élèves passent leur premier diplôme de l'enseignement supérieur : le baccalauréat qu'on appelle couramment le bac.

FAMILLE

1 Est-ce que tu aimerais être marié(e) plus tard ?
a. Oui.
b. Non, absolument pas.
c. Je ne sais pas. Je n'ai pas pensé à la question.

2 Penses-tu avoir des enfants quand tu seras plus grand(e) ?
a. Oui.
b. Non, pas d'enfant du tout.
c. Je ne sais pas, ce n'est pas important.

PROFESSION

3 Quelle profession aimerais-tu avoir ?
a. Stable, de type fonctionnaire.
b. Libérale, free-lance.
c. Ça m'est égal si le travail est intéressant.

LIEU DE VIE

4 Est-ce que tu aimerais vivre dans une autre ville ou dans un autre pays ?
a. Non, absolument pas.
b. Oui.
c. Je ne sais pas.

5 Est-ce que tu veux connaître beaucoup de pays étrangers ?
a. Non, ça ne m'intéresse pas.
b. Oui.
c. Pourquoi pas, mais ce n'est pas ma priorité.

6 Plus tard, tu as envie...
a. d'habiter dans une maison pour toute la vie.
b. de changer régulièrement de maison.
c. cela m'est égal.

Si tu as une majorité de :
a Tu es déterminé/e et tu sais clairement ce que tu veux : une vie calme et assez classique. Tu n'as pas peur de t'engager et tu sais justifier tes choix.
b Tu veux garder la possibilité de changer le cours de ta vie à tout moment. Tu es ouvert/e à toute possibilité qui se présente.
c Tu n'es pas encore sûr/e de toi pour faire des choix précis sur ta vie. Prends ton temps et laisse-toi aller.

● Tu aimerais te marier ?
○ Oh oui, j'aimerais bien, et toi ?

B. À deux, comparez et commentez vos résultats.

5 Les examens

A. Complète le dialogue avec les mots suivants.

> dossier scolaire   passer   examens   littérature   moyenne
> entrer   échouer   optionnel   résultats   notes   passer en   matière

- Ça va ?
- Oui, ça va, mais les examens ne se sont pas super bien passés.
- Tu n'as pas eu de bons .... ?
- J'ai juste la ....
- Mais c'est bien !
- Ben non, parce qu'il me faut des bonnes .... pour mon ...., surtout en ....
- Mais l'important ce n'est pas de réussir à .... année supérieure ?
- Non, pas si je veux .... dans une bonne école.
- Alors, tu as finis tes exams ?
- Non, il me reste à .... une .... : histoire des arts.
- Bon, ça va. Je sais que là tu ne vas pas .... Et en plus c'est ...., n'est-ce pas ?
- Eh bien, plus maintenant : on a une épreuve au brevet !

B. À deux, parlez de vos derniers examens. Demande à ton camarade...

> ▶ Comment se sont passés les examens.
> ▶ S'il/elle a eu de bonnes notes.
> ▶ Quelle matière il/elle a bien réussie.
> ▶ À quelle matière il/elle a échoué.
> ▶ S'il/elle a obtenu une mention.
> ▶ Si c'est important pour lui/elle d'avoir des notes élevées.
> ▶ S'il/elle doit encore passer des examens.

- *Comment se sont passés tes derniers examens ?*

6 Demande de stage

A. Voici une lettre de présentation pour une demande de stage. Trouve dans la lettre les renseignements nécessaires pour remplir la fiche personnelle ci-dessous.

Madame, Monsieur,

Je m'appelle Vincent Leclou, j'ai 14 ans et je suis en classe de quatrième au collège Jules Simon. Je vous écris parce que je dois faire un « stage de découverte en entreprise » pendant une semaine.
Votre entreprise Biopharmatique m'intéresse car je voudrais faire des études de pharmacie après le bac.
J'ai déjà fait un stage en classe de 5e chez un opticien. Comme vous pouvez le constater le domaine médical m'attire particulièrement.
Je sais que vous travaillez à l'international et cela m'intéresse beaucoup car je parle allemand et je suis assez bon en anglais. De plus, je connais bien le domaine informatique.
Pour les horaires, comme je devrai venir en bus, je vous demanderai de m'autoriser à arriver avec le premier bus, à 8h30.
Mes professeurs disent que je suis consciencieux, travailleur et agréable à vivre.
Je reste à votre disposition pour toute information complémentaire.
Je vous prie de bien vouloir agréer, Madame, Monsieur, mes meilleures salutations.

Vincent Leclou

INFO. PERSONNELLES
Nom :
Prénom :
Âge :
Classe :

LANGUES

CENTRES D'INTÉRÊT
1
2
3
4

QUALITÉS

FAIRE UN STAGE
Un jour, tu devras certainement suivre ou faire un stage, c'est-à-dire que tu passeras quelques jours/semaines/mois dans une société pour mettre en pratique ce que tu auras appris à l'université.
On dire que tu es un/e stagiaire.
En France, les élèves doivent réaliser des stages dès le collège.
Le stage de découverte s'adresse aux collégiens de quatrième.

B. Écris la lettre de présentation de la personne à partir du formulaire suivant.

INFORMATIONS PERSONNELLES
Nom : Fabiani
Prénom : Christine
Âge : 15 ans
Classe : 4e

LANGUES
Anglais
Italien

CENTRE D'INTÉRÊT
1. Internet
2. Voyages
....
....

QUALITÉS
Communicative
Sérieuse
Souriante
Dynamique

7 La différence entre présent de l'indicatif et passé composé

Lis cette biographie puis classe les verbes du texte comme dans l'exemple.

> Diam's est née en 1980 à Chypre. Elle fait partie des chanteuses françaises les plus connues de la scène. Ses chansons connaissent un immense succès. Leurs paroles sont souvent polémiques, ce qui a valu à Diam's plus d'un problème. Elle a fait ses premiers pas dans le rap en 1994. Elle a arrêté les études avant le bac et elle a préféré se consacrer à sa passion.
>
> Diam's commence à être connue du public à partir des années 2000. En 2004, elle a gagné une Victoire de la musique pour le meilleur rap de l'année avec son disque Brut de femme. En 2007, elle a gagné le prix de la meilleure chanson francophone avec « La boulette ». Diam's n'est pas seulement une rappeuse à succès, elle est aussi engagée pour la protection de l'enfance défavorisée. En 2009, elle a sorti un single, « Enfants du désert » qui relate son expérience en Afrique.

PRÉSENT	PASSÉ
Elle fait	Diam's est née

8 Les auxiliaires être et avoir

Lis cette biographie de Yannick Noah, l'un des sportifs et chanteurs préférés des Français et complète les espaces vides avec l'auxiliaire qui convient.

 Avant de devenir célèbre comme chanteur, Yannick Noah .... été un grand joueur de tennis. Il .... né le 18 mai 1960.

Il .... commencé sa carrière professionnelle en 1978 mais c'est au début des années 80 qu'il .... devenu célèbre avec ses matchs contre les meilleurs joueurs de tennis de l'époque. En 1983, il .... remporté le tournoi de Rolland Garros contre Mats Wilander.

Il .... arrêté sa carrière de joueur en 1991 mais il .... continué dans le tennis en devenant capitaine de l'équipe de France.

Parallèlement, il s'........ lancé dans une carrière musicale au début des années 90 mais il .... connu le véritable succès à partir de 2000.

Il .... aussi participé au tournage d'un film, *Sagha* et plus récemment d'un téléfilm.

9 Les participes passés

La petite Alma, 6 ans, a envoyé son premier courriel à sa grand-mère. Mais elle ne connaît pas encore très bien les participes passés. Corrige son texte quand cela est nécessaire, comme dans l'exemple.

> De :À : Sujet :
>
> Bonjour Mémé,
>
> Voilà ce que j'ai ~~faire~~ fait pendant mes vacances d'été. Je suis allée avec Papa et Maman à la plage et nous avons voié beaucoup de bateaux. J'ai connaîtré beaucoup d'amies et j'ai joué avec elles à beaucoup de choses. Un jour, des amis de Papa et Maman sont venis et ils m'ont offrit un cadeau. J'ai ouvri le paquet et j'ai savu immédiatement que le cadeau qu'ils m'ont donné est un jeu pour mon ordinateur.
>
> Mémé, je t'aime beaucoup et je te fais de gros bisous. Et à Papi aussi.
>
> Alma

10 Les indicateurs temporels (1)

C'est un beau roman, c'est une belle histoire... Retrouve dans quel ordre se sont produits ces évènements.

☐ Le 14 juillet, elle est allée faire la fête avec ses amis. Ce jour-là, elle a rencontré Stéphane, un jeune étudiant français.

☐ En avril, Stéphane a fait une surprise à Konstantina : il est allé la voir à Athènes pour son anniversaire. Il est resté une semaine.

☐ Pendant le reste de l'année, Stéphane et Konstantina se sont envoyé des e-mails et ils ont chatté.

☐ Deux semaines plus tard, Konstantina a quitté Paris et Stéphane. Elle a pris l'avion pour la Grèce.

☐ En juin 2007, Konstantina est partie étudier le français à Paris.

☐ Actuellement, Stéphane et Konstantina vivent ensemble dans le sud de la France.

☐ L'année dernière, Konstantina a décidé de poursuivre ses études à Montpellier. Ils ont pu se voir tous les week-ends.

POUR PARLER D'UN ÉVÉNEMENT ACTUEL
On utilise le présent ou le présent continu, souvent accompagné d'une forme adverbiale (**maintenant, actuellement, en ce moment**). *En ce moment, / maintenant, / actuellement, il est en train de parler avec son directeur.* (= Il parle avec son directeur.)

11 Les indicateurs temporels (2)

À partir de ces renseignements sur Igor, entoure l'élément qui convient dans chacune de ces affirmations.

2004 : baccalauréat à Moscou.
2005-08 : études supérieures aux États-Unis.
Été 2006 : voyage en stop à travers l'Amérique latine
2007 : rencontre avec une jeune Française, Evelyne.
2008 : 1re année de français à Boston.
Été 2008 : stage de crêpier en Bretagne (2 mois).
Novembre 2009 : diplôme DELF A1.
Décembre 2009 : installation en France.
Février 2010 : responsable relations internationales d'une grande entreprise.

L'ORDRE DES MOTS DANS LA PHRASE
On peut écrire :
Je suis parti au Honduras il y a 2 ans.
Mais on peut aussi mettre les indicateurs temporels en tête de phrase :
Il y a 2 ans, je suis parti au Honduras.

- Il a obtenu son baccalauréat **depuis / il y a plus** de 5 ans.
- Il a étudié aux États-Unis **jusqu'en 2005 / de 2005 à 2009**.
- **Pendant / Depuis** l'été 2006, il a voyagé en Amérique latine.
- Il a rencontré une jeune Française **en / depuis** 2007.
- **Pendant l'année scolaire / Depuis l'année scolaire** 2008, il a suivi son premier cours de français à Boston.
- **Il y a deux mois qu' / Pendant deux mois**, il a réalisé un stage de crêpier.
- **Depuis 2009 / Jusqu'en 2009**, il est installé en France.
- Il travaille dans une grande entreprise **il y a / depuis** 2010.

12 L'énumération

Cathy est actuellement étudiante dans une université à Paris. Elle raconte son parcours. Repère dans le texte les éléments qui indiquent l'ordre dans lequel elle a réalisé chacune des étapes.

> D'abord, je suis allée à l'école primaire dans un petit village d'une île. Ensuite, j'ai dû partir au collège dans la ville principale de l'île. Puis, j'ai été interne dans un lycée. Après le baccalauréat, j'ai fait un BTS dans le même lycée. Enfin, il y a deux ans, j'ai commencé de nouvelles études à l'université. Depuis, j'étudie et je travaille en même temps dans un petit restaurant à côté de la faculté.

D'abord...

LA NÉGATION SIMPLE AU PASSÉ COMPOSÉ

Il faut intercaler la particule **pas** entre l'auxiliaire et le participe :

*Je **ne** suis **pas** arrivé en retard.*
*Il **n'**a **pas** préparé son examen.*

À l'oral et dans certaines formes d'écrit (courriels amicaux, textos) le **ne** disparaît très souvent :

*Je suis **pas** arrivé en retard.*
*Il a **pas** préparé son examen.*

13 Écrire ou parler au passé

A. Continue le texte à partir des renseignements contenus dans la fiche de Zinedine Zidane.

23 juin 1972 : naissance à Marseille.
1982 : première licence dans un club de foot de son quartier marseillais.
20 mai 1989 : début en 1re division à l'AS Cannes.
1992 : départ pour Bordeaux.
1992-1995 : il devient un des meilleurs joueurs du club. Il marque beaucoup de buts.
1993 : l'équipe nationale algérienne refuse Zizou.
1994 : première sélection en équipe de France.
1996 : la Juventus de Turin engage Zidane.
1998 : grâce à lui, la France gagne sa première coupe du monde.
2000 : « Meilleur joueur de l'année ».
2001 : il part au Real Madrid.
2005 : retour en équipe de France.
2006 : dernière participation à la Coupe du monde de football en Allemagne

Zinedine Zidane est un grand joueur de football. Il est né le...

B. À ton tour, imagine que nous sommes en 2025. Écris en quelques lignes ta biographie. Tu peux imaginer une vie fantastique et pleine d'aventures.

TU / VOUS

Le jour de l'examen, tu n'oublieras pas de vouvoyer l'examinateur, comme il est d'usage en français. En fait, il est normal d'alterner le tutoiement et le vouvoiement en fonction des interlocuteurs. Tu dois donc tutoyer tes camarades de classe ou tes amis et ta famille mais vouvoyer ton professeur ou ton examinateur.

14 Le présent continu

Réponds aux questions à l'aide du présent continu.

Qu'est-ce qu'il prépare actuellement ?
Il est en train de préparer le DELF A2.

Et toi,
Quelle langue tu étudies actuellement ?
Qu'est-ce que tu lis en ce moment ?
Qu'est-ce que tu fais maintenant ?
Qu'est-ce que tu prépares actuellement ?

Le passé composé

- Le passé composé exprime une action terminée dans le passé.

  Il a étudié le français à Paris.
  Ils sont allés faire un séjour linguistique en Angleterre.
  Il s'est présenté au DELF Scolaire A2.

- Ce temps est formé de l'auxiliaire AVOIR ou l'auxiliaire ÊTRE au présent de l'indicatif + un participe passé.

- Tous les verbes en -er ont leur participe passé en -é.

  étudier ⟶ étudié
  travailler ⟶ travaillé

Il n'y a pas d'exception !

Pour les autres verbes, il n'y a pas de règle, mais il est possible de former des familles de terminaison.

- **-i :** *parti, fini, choisi, dormi, suivi, etc.*
- **-it :** *conduit, produit, écrit, etc.*
- **-is :** *pris, mis, etc.*
- **-ert :** *ouvert, offert, découvert, etc.*
- **-u :** *venu, lu, vu, su, etc.*

Le radical de certains participes a une forme très différente de l'infinitif :

  recevoir ⟶ reçu
  savoir ⟶ su

● Les auxiliaires ÊTRE et AVOIR

Tous les verbes pronominaux (sans exception) se conjuguent avec être.

  Anne s'est levée à 7 heures.
  Cet été, je me suis présenté au DELF.

Certains verbes qui ne sont pas pronominaux se conjuguent avec ÊTRE :

naître, mourir, entrer*, sortir*, monter*, descendre*, aller, venir, passer*, rester, tomber, retourner*.

  Romain est né le 8 août 2005.
  Cet été, je suis allé en Espagne.

⚠️ Les verbes avec un astérisque* peuvent se conjuguer avec ÊTRE ou AVOIR. Si le verbe admet un complément d'objet direct (*la voiture, le meuble,* etc.), l'auxiliaire est AVOIR. Dans les autres cas, c'est ÊTRE.

  Il est entré. Mais : *Il a entré la voiture.*
  Je suis descendu en ascenseur. Mais : *J'ai descendu le meuble par l'ascenseur.*

Avec ÊTRE, le participe passé fonctionne comme un adjectif, il s'accorde en genre (masculin, féminin) et en nombre (singulier, pluriel) avec le sujet.

  David est allé au cinéma. Hélène est allée au théâtre.

Tous les autres verbes se conjuguent avec AVOIR. Avec AVOIR, le passé ne s'accorde pas avec le sujet.

  Sophie a mangé des crêpes.

Pour la négation au passé composé, voir l'unité 4.

Les indicateurs temporels

● Il y a / il y a... que

Il y a s'utilise pour situer une action dans le passé.

  Il y a 3 ans, nous sommes allés en vacances dans les Pyrénées.

On utilise **Il y a ... que** pour marquer le commencement d'un fait qui continue au moment où on parle. Dans ce cas, le verbe doit être au présent.

  Il y a 3 ans qu'il fait du français.

● Depuis / Pendant

On utilise **depuis** + un moment dans le temps pour marquer le début d'une action ou d'un fait qui reste vrai au moment où on parle.

  Damien habite au Canada depuis le mois de juin dernier.
  Anne-Marie s'est présentée deux fois aux examens depuis 2003.

On utilise **pendant** pour délimiter la durée d'un fait.

  Fabien travaille pendant ses vacances. (verbe au présent parce quee l'action est habituelle)
  Fabien a travaillé pendant ses vacances. (verbe au passé composé parce que l'action est finie)

● Jusqu'à (jusqu'en)

On utilise **jusqu'à** + un moment dans le temps pour marquer la limite d'une situation, d'une période.

  jusqu'à trois heures / jusqu'au 4 juin / jusqu'à son mariage

Pour les mois et les années, on utilise **jusqu'en** :

  jusqu'en septembre / jusqu'en 2005.

- Pour marquer un événement dans le passé, on peut utiliser d'autres expressions : *hier, avant-hier, la semaine dernière, le mois dernier, l'année dernière,* etc.

Le présent continu

- On utilise ÊTRE (au présent) + **en train de** + INFINITIF pour indiquer une action qui se déroule au moment où on parle et qui n'est pas terminée.

  Je suis en train de lire un livre. (= Actuellement, je lis un livre.)

Ce temps est souvent remplacé par un simple présent de l'indicatif. Il indique souvent une certaine forme d'insistance.

  - *Tu viens ?*
  ○ *Je ne peux pas, je prépare mon examen.*
  - *Comment ?*
  ○ *Je te dis que je ne peux pas parce que je suis en train de préparer mon examen.*

15 Les sons du français standard

Pour te présenter au DELF A2, il n'est pas nécessaire de reconnaître tous les sons du français et encore moins de les reproduire. Mais tu dois être capable de distinguer et d'essayer de réaliser des sons élémentaires.

Dans les unités suivantes, tu vas trouver des activités pour faire la différence entre certaines voyelles du français qui présentent des particularités. Avant, il est important de te familiariser avec quelques symboles phonétiques utilisés pour représenter un son.

Nous te proposons ci-dessous un tableau qui récapitule l'ensemble des sons du français standard.

VOYELLES

[a] comme *ami*, *chatte*
[ɑ] comme *château*
[e] comme *né*, *ces*, *chanter*
[ɛ] comme *lait*, *c'est*
[ə] comme *ce*, *cela*
[i] comme *lit*
[o] comme *rose*, *sot*, *beau*, *cause*
[ɔ] comme *sotte*, *comme*
[ø] comme *jeu*, *peu*
[œ] comme *heure*, *seul*
[u] comme *où*, *loup*, *vous*
[y] comme *rue*, *sur*, *venu*

SEMI-VOYELLES

[j] comme *soleil*, *pied*
[w] comme *oui*, *moi*
[ɥ] comme *suivre*, *lui*

NASALES

[ɑ̃] comme *danser*, *en*, *temps*
[ɛ̃] comme *fin*, *bain*, *teint*
[ɔ̃] comme *mon*
[œ̃] comme *un*, *parfum*

CONSONNES

[b] comme *bien*, *robe*
[d] comme *dormir*, *aider*
[f] comme *français*, *pharmacie*
[g] comme *garçon*, *regarder*
[k] comme *casquette*, *qui*, *kilo*
[l] comme *loi*
[m] comme *maison*
[n] comme *nouveau*
[p] comme *pardon*

[R] comme *rue*, *mère*
[s] comme *ce*, *ça*, *sur*, *scier*, *chasse*, *fils*, *souci*
[t] comme *toi*, *tête*
[v] comme *vrai*, *va*, *savoir*
[z] comme *zone*, *vase*, *ozone*
[ʒ] comme *jardin*, *bouger*
[ʃ] comme *chien*, *machine*
[ɲ] comme *gagner*, *Espagne*

⚠ Beaucoup de personnes ne distinguent pas :
[e] de [ɛ]
[ə] de [ø]
[ɛ̃] de [œ̃]

⚠ Pour t'entraîner à prononcer ces sons, tu peux t'enregistrer sur un fichier mp3 et le donner à ton professeur. Il te donnera des conseils pour améliorer ta prononciation.

ami
chatte

LE MESSAGE SUR RÉPONDEUR

Dans cet exercice, vous allez entendre un message extrait d'un répondeur automatique ou d'une boîte vocale qui vous donne des instructions. Attention, le message est en 2 parties ! Vous aurez le choix entre plusieurs réponses.

• **Exemple**

Première partie de l'enregistrement :

Piste 1

Transcription :

Vous êtes sur le répondeur automatique des Cinémas Lemax. Pour connaître les horaires des séances en semaine, tapez 1 ; pour connaître les horaires des séances en week-end, tapez 2, pour connaître nos tarifs, tapez 3. Merci et à bientôt. Au revoir.

1. Vous téléphonez aux Cinémas Lemax et vous entendez le message suivant sur le répondeur. Sur quelle touche appuyez-vous pour connaître les horaires des films si vous voulez aller au cinéma samedi prochain ?

Touche 2 ⟶ La question ne comporte pas la phrase « si vous voulez aller au cinéma samedi prochain », mais le mot *week-end* englobe le samedi et le dimanche.
⚠ Vous devrez simplement dire quelle est la touche sur laquelle vous devez appuyer ou quel est le mot que vous devez répéter.

Deuxième partie de l'enregistrement :

Piste 2

Transcription :

Si vous êtes collégiens ou parents d'élèves et que vous souhaitez des renseignements sur les filières possibles après le collège, vous pouvez taper le 2 ou nous envoyer un email à infos@college.fr (i.n.f.o.s. arobase c.o.2l.g.e. Point.f.r) ou vous rendre sur notre site Internet. Merci.

2. Si vous voulez avoir des renseignements sur les filiales après le collège, vous devez être collégien.

☐ Vrai.　　　　　⟶ Ce service est ouvert aussi aux parents.
☒ Faux.
☐ On ne sait pas.

3. Ce service n'est pas disponible par téléphone.

☒ Vrai.　　　　　⟶ Pour l'obtenir il faut envoyer un message électronique ou aller sur le site Internet.
☐ Faux.
☐ On ne sait pas.

4. L'adresse électronique est...

infos@college.fr

✎ Lisez bien les questions : elles vous donnent des indices sur les informations et le vocabulaire que vous allez entendre.

✎ On ne vous demande pas de tout comprendre, mais de savoir extraire les informations essentielles de plusieurs réponses possibles.

● **Exercice 1**

🎧
Piste 3
Première partie de l'enregistrement :

1. Combien de départements vous pouvez contacter directement ? ....

2. Si vous ne connaissez pas le département que vous voulez contacter...

☐ vous ne pourrez pas contacter d'employés.
☐ une personne prendra votre appel.
☐ vous écouterez à nouveau le message.

🎧
Piste 4
Deuxième partie de l'enregistrement :

1. Orion...

☐ vend des véhicules.
☐ loue des véhicules.
☐ On ne sait pas.

2. La promotion est de...

☐ 106€
☐ 112€
☐ 110€

3. La promotion porte sur...

☐ la semaine.
☐ la fin de semaine.
☐ le premier jour de la semaine.

🎧
Piste 5
● **Exercice 2**

1. Pour des questions administratives, vous devez dire...

☐ administration.
☐ secrétariat administratif.
☐ salle des administrateurs.

2. Pour parler avec un professeur, vous devez dire...

☐ professeur.
☐ administration.
☐ salle des professeurs.

🎧
Piste 6
● **Exercice 3**

Le secteur de Francoligne est :

☐ a   ☐ b   ☐ c

LE COURRIEL

> Parmi les documents de compréhension des écrits, vous pouvez trouver des e-mails ou courriels. Il faut apprendre à reconnaître leur format et savoir le type de questions qu'on peut vous poser.

Quand vous recevez un courriel, vous le lisez très rapidement pour savoir de quoi il s'agit (message d'un ami, publicité, etc.). Ensuite, vous le relisez pour bien en comprendre les détails (ce que vous demande votre ami, l'heure et l'endroit du rendez-vous, ce que vend la publicité et à quel prix).

Lors de l'examen, il vous sera demandé la même chose.

● **Exemple**

Sophie a reçu ce message.
Répondez aux questions.

1. **De** indique qu'il s'agit de l'envoyeur.
2. **À** indique qu'il s'agit du destinataire.
3. Donne un indice sur le sujet du courriel.
4. La **date**.
5. Indique que c'est une réponse à une demande.

De : efleantibes@efle.com ①
À : sophiete@freestyle.fr ②
Objet : cinéma ③
Date : 05 juin 20010 ④

Salut Sophie,

J'ai bien reçu ton message hier soir pour savoir si je veux aller au ciné avec toi. ⑤
C'est super mais avant on doit regarder ce qu'il y a et puis, on peut dire à Fouad et Thomas de venir aussi. Ils seront trop contents :)
Si tu es d'accord, je les appelle.

À bientôt

Tchao

Stef'

1. Ce courriel est...

☐ une invitation
☐ un message publicitaire
☒ une réponse à une proposition

↪ Réponse à une proposition : « J'ai bien reçu ton message hier soir pour savoir... »

2. Sophie...

☒ a l'intention d'aller au cinéma
☐ a l'intention d'aller à un anniversaire avec ses amis.

↪ Elle veut aller au cinéma : « si je veux aller au ciné avec toi. »

3. Sophie doit dire à Stef'...

    [X] si elle veut bien aller au cinéma.
    ☐ si elle veut bien que Fouad et Thomas les accompagnent.
    ☐ si elle veut bien envoyer un texto.

Justifiez votre réponse.

« Si tu es d'accord, je les appelle. »

✎ Les courriels en français fonctionnent sûrement plus ou moins de la même façon que dans votre langue. Utilisez votre expérience pour les comprendre.

✎ Il n'est pas nécessaire de comprendre tous les mots, quelques mots clés suffisent.

✎ N'oubliez pas de bien lire les questions. Ne vous précipitez pas ; il est préférable de prendre votre temps et de répondre correctement.

• **Exercice I**

Vous recevez ce courriel.

○○○   Nouveau message   ◯

Envoyer   Discussion   Joindre   Adresses   Polices   Couleurs

À :

Objet :

                           Signature : Aucune

Salut à toutes et à tous,

Voici les vacances qui approchent !! J'ai pensé qu'on pourrait faire une super fête avant de se quitter. J'ai une tante qui a un grand terrain à côté de sa maison et on pourrait organiser un méga pique-nique avec toute la classe. Qu'est-ce que vous en dites ? On pourrait faire ça le dernier week-end de juin. En plus, il y a un terrain de football pas loin et la plage est à 200 mètres à peine. Et ce n'est pas très loin de la ville, il y a un bus qui s'arrête presque en face et sinon, il y a de la place pour ranger les vélos.
Je dois dire à ma tante si c'est d'accord alors répondez-moi vite !

Bises

À +

Nadia

---

1. Il s'agit...

    ☐ d'une lettre de votre famille.
    ☐ d'un e-mail d'une camarade.
    ☐ d'un message publicitaire.

2. Ce message est adressé...

    ☐ uniquement à vous.
    ☐ à vous et à d'autres.

3. Qu'est-ce qu'il est proposé de faire pendant ce week-end ? (Plusieurs réponses possibles).

☐ Voir des films
☐ Faire du sport
☐ Aller en discothèque
☐ Parler de l'avenir
☐ Se baigner

4. Si vous acceptez la proposition de Nadia, il faut téléphoner.

☐ Vrai.
☐ Faux.

5. Pour aller chez la tante de Nadia, il faut une voiture.

☐ Vrai.
☐ Faux.

Justifiez votre réponse.

● **Exercice 2**

Vous recevez ce courriel sur votre ordinateur.

De :
À :
Objet : Tu adores la musique

Tu adores la musique et tu aimes la partager avec tes amis ?
C'est normal mais est-ce que tu es sûr que tout est bien légal. Le ministère de la Culture veut te rappeler ce que tu peux faire et ce que tu ne peux pas faire.

● **Tu peux** enrichir ta bibliothèque personnelle en utilisant les téléchargements payants. Ainsi tu respectes les droits d'auteurs et le travail des artistes.
● **Tu peux** échanger ou télécharger des chansons mises à disposition gratuitement par certains artistes qui veulent se faire connaître ou qui ne veulent pas passer par des intermédiaires commerciaux.
● Quand tu achètes un album, **tu peux** en faire une copie à usage PRIVÉ.

● **Tu ne peux pas** télécharger gratuitement ou échanger de la musique d'ordinateur à ordinateur, même sans tirer de bénéfice, une chanson ou un album. Cela est considéré comme illégal. Tu risques une grosse amende et des problèmes avec la justice car tu participes à un commerce de contrefaçon.
● En plus, en laissant les autres internautes consulter tes musiques téléchargées, tu risques d'introduire un virus dans ton ordinateur.

1. Il s'agit :

☐ d'un message personnel.
☐ d'un message institutionnel
☐ d'une publicité.

2. Ce message s'adresse spécialement...

☐ aux adultes.
☐ aux adolescents
☐ aux deux.

3. On parle de piratage uniquement quand on tire un bénéfice économique des téléchargements de musique..

☐ Vrai.
☐ Faux.

Justifiez votre réponse.

RÉDIGER UN TEXTE

Dans cet exercice, vous devez rédiger un petit texte de 60 à 80 mots pour raconter une expérience personnelle passée ou présente. Pour cela, vous disposez d'une série de renseignements qui vous permettent de rédiger en partie le texte.

● **Exemple**

Pendant un entretien, on vous demande de rédiger un petit texte (60 à 80 mots) sur votre vie avec les informations suivantes :

Cette année, j'ai eu de bonnes notes aux examens. Mes parents m'ont autorisé à partir en vacances avec mes amis.
Je leur ai téléphoné et on a décidé de partir en camping ensemble. Nous avons monté les tentes dans un camping près de la plage. Au camping, nous avons fait beaucoup de choses et nous avons beaucoup joué au volley-ball.
Le dernier jour, il y a eu une grande fête au camping. C'était sympa !

(78 mots)

🖎 Utilisez bien toutes les informations que vous transmettent les images ou les textes qui les accompagnent.

🖎 Vous devez être créatif/ive, mais n'inventez pas des histoires trop complexes, car vous pourriez avoir des problèmes de vocabulaire ou de grammaire.

🖎 Personne ne vérifiera si l'information est vraie.

🖎 Votre texte doit faire de 60 à 80 mots. Respectez cette indication avec +/- 10%.

● **Exercice**

Vous avez fait un stage dans la rédaction d'un journal local, racontez votre expérience.

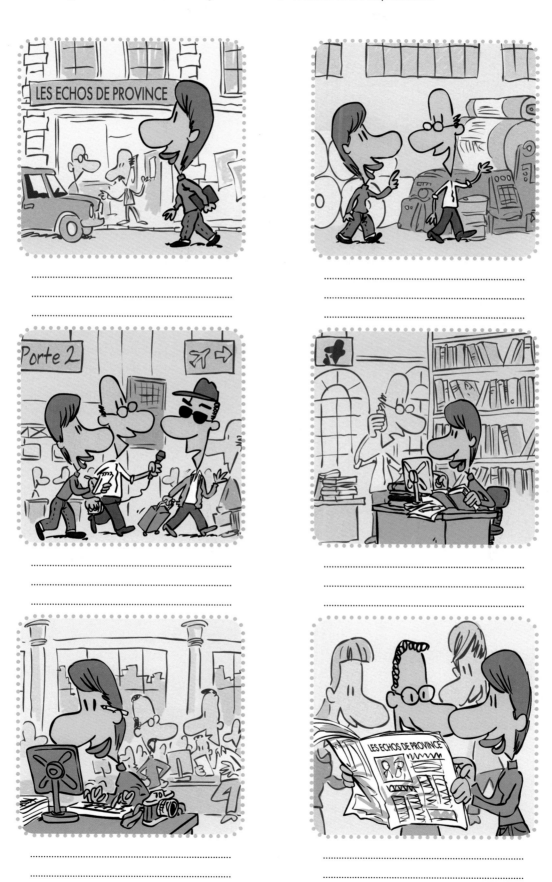

....
....
....

....
....
....

....
....
....

....
....
....

....
....
....

....
....
....

LE MONOLOGUE SUIVI

> Dans cet exercice, vous devez parler, pendant deux minutes, de vous ou d'un sujet qui vous concerne, par exemple, d'une de vos journées habituelles, de votre ville ou de vos prochaines vacances.

Piste 7

• **Exemple**

Écoutez Marina, une jeune Française qui parle de ses études.

- Il y a beaucoup d'interruptions et d'hésitations dans ses phrases. Et il est français !

- Écoutez vos amis et parents autour de vous. Vous verrez qu'ils ne finissent pas toutes leurs phrases non plus, mais vous ne vous en rendez pas compte.

- Vous avez le droit d'hésiter, de chercher un mot ou de recommencer une phrase.

- Restez calme, n'essayez pas de parler trop vite. Une bonne élocution est préférable à un rythme rapide.

- Regardez l'examinateur et souriez-lui, montrez-lui que vous avez envie de répondre à ses questions.

- Ne vous bloquez pas si vous ne trouvez pas un mot ou si vous ne pouvez pas finir votre phrase. Recommencez.

- Si vous avez un trou et ne savez plus quoi dire, ne paniquez pas. L'examinateur vous aidera.

• **Exercice 1**

Enregistrez-vous pendant deux minutes pour parler de votre vie au collège.
Remettez le fichier à votre professeur.

Mes activités

2

Dans cette unité, nous allons parler de nos activités au quotidien

Tout pour...
- se renseigner sur un service
- réaliser des démarches et obtenir des services (banque, téléphonie, etc.)
- demander quelqu'un au téléphone

Tout pour bien employer...
- le passé récent
- les verbes modaux
- l'interrogation
- les pronoms personnels COD et leur place

Entraînement au DELF scolaire et junior A2
- le dialogue à la radio (CO)
- les annonces et les instructions (CE)
- la lettre ou le courriel (PE)
- l'exercice en interaction (PO)

LES BIJ

En France, pour obtenir des renseignements sur les différents services auxquels les jeunes ont accès, il existe normalement dans les villes un **Bureau d'Information Jeunesse (BIJ)**. Ils fournissent une quantité de renseignements sur les associations, les clubs de sports, les centres de loisirs... Ils soutiennent aussi les jeunes dans leur projet ou les aident à réaliser certaines démarches.

1 S'installer dans un autre pays

Parmi les éléments de cette liste, quels sont ceux qui te paraissent les plus importants si tu dois t'installer en France ?

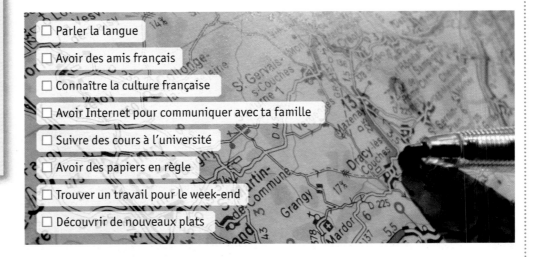

- ☐ Parler la langue
- ☐ Avoir des amis français
- ☐ Connaître la culture française
- ☐ Avoir Internet pour communiquer avec ta famille
- ☐ Suivre des cours à l'université
- ☐ Avoir des papiers en règle
- ☐ Trouver un travail pour le week-end
- ☐ Découvrir de nouveaux plats

2 Vos papiers, s'il vous plaît !

A. À quelle image correspondent les documents suivants ?

- carte jeune
- carte d'identité
- passeport

- titre de transport
- permis de conduire
- carnet de correspondance

LE CARNET DE CORRESPONDANCE

Lien entre la famille, l'élève et l'équipe pédagogique, le carnet de correspondance est un des éléments indispensables du collégien. Il est à la fois carte d'identité, lien entre le collège et les parents, lieu de justifications des absences et des retards, le carnet de correspondance doit toujours être en possession de l'élève. Le carnet de correspondance comprend :
- les informations générales ;
- le relevé des heures de retenues et des avertissements ;
- un volet correspondance ;
- les billets d'absence et de retards.

B. Sais-tu quels sont les documents nécessaires pour...

... obtenir une réduction au cinéma ?
... se déplacer à moindre coût en transport public ?
... conduire une voiture ?
... entrer ou sortir de certains pays ?
... indiquer absences et retards au collège ?
... démontrer son identité ?

3 À la découverte de la ville

A. Lis ces extraits de conversations. Peux-tu dire où elles ont eu lieu ?

À la médiathèque   À la gare   À la piscine   Au cinéma

À la poste   Au Centre d'Information Jeunesse

1. Pour les envois à l'étranger, vous devez acheter vos timbres au guichet 3.
2. La durée du prêt dépend du document que vous empruntez.
3. Si vous avez une carte d'abonnement, vous pouvez voyager avec 50% de réduction.
4. Vous trouverez tous les renseignements sur les projets D'Jeunz sur les fiches pratiques qui sont à votre disposition.
5. Si votre enfant a moins de 17 ans, il peut bénéficier d'un tarif spécial et il devra présenter sa carte individuelle. Attention, le bonnet est obligatoire.
6. Pour obtenir le tarif réduit, vous devez présenter une pièce d'identité.

B. Imagine le dialogue entre toi et la personne qui te renseigne.

4 La journée de Mamadou

A. Mamadou a une journée très chargée. Observe ce qu'il doit faire. Tiens compte de ses impératifs pour dire ce qui, d'après toi, est l'ordre logique dans lequel il va faire tout ce qui indiqué.

CAMPUS FRANCE
Depuis 1998, CampusFrance est une agence dédiée à la mobilité internationale, universitaire et scientifique. Elle est placée sous la tutelle du ministère des Affaires étrangères et européennes, du ministère de l'Enseignement supérieur et de la Recherche, et du ministère de l'Immigration, de l'Intégration, de l'Identité nationale et du Développement solidaire. CampusFrance fait la promotion des formations supérieures françaises dans le monde et accompagne les étudiants étrangers dans leur parcours de réussite vers les études supérieures en France, depuis leur pays de départ jusqu'à leur arrivée en France ; ainsi qu'au retour dans le pays d'origine. Pour en savoir plus :
http://www.campusfrance.org/

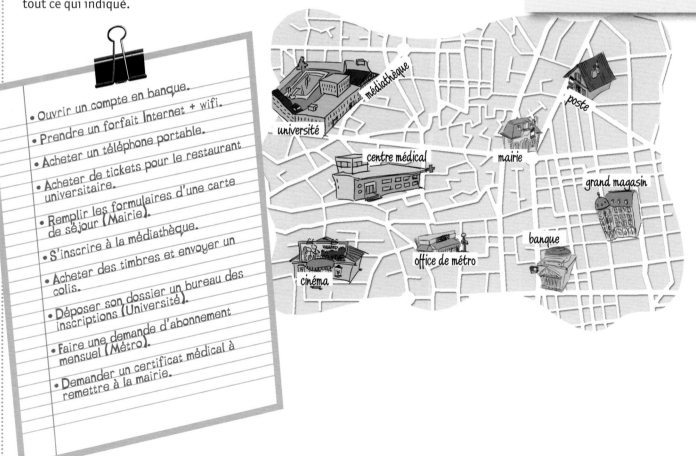

- Ouvrir un compte en banque.
- Prendre un forfait Internet + wifi.
- Acheter un téléphone portable.
- Acheter de tickets pour le restaurant universitaire.
- Remplir les formulaires d'une carte de séjour (Mairie).
- S'inscrire à la médiathèque.
- Acheter des timbres et envoyer un colis.
- Déposer son dossier un bureau des inscriptions (Université).
- Faire une demande d'abonnement mensuel (Métro).
- Demander un certificat médical à remettre à la mairie.

Map labels: université, médiathèque, poste, centre médical, mairie, grand magasin, banque, office de métro, cinéma

B. Mamadou envoie un courriel à un ami pour lui raconter sa journée. Imagine son contenu.

Salut ! Ouf ! J'ai passé toute la journée à faire des démarches administratives, mais c'est fini ! D'abord, je suis allé à...

5 Un formulaire

A. Retrouvez les en-têtes du formulaire suivant :

Nom

Adresse

Pays

Adresse électronique

Ville

Taille

Occupation

Date de naissance

Téléphone

Prénoms

Nationalité

Lieu de naissance

FORMULAIRE D'INSCRIPTION

: Dideron

: René

: 1,78m

: 11/05/1988

: Carcassonne

: France

: Française

: 34, rue du maréchal Foch

: 40000

: Mont-de-Marsan

: 0614741188

: renedid @hotmail.fr

: étudiant

B. Remplissez ce même formulaire avec vos propres informations.

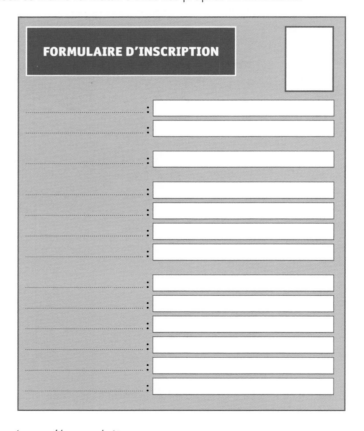

FORMULAIRE D'INSCRIPTION

● *Nom et prénom, s'il vous plaît.*
○ *Je m'appelle...*

6 Réservation d'un billet d'avion

A. Anaïs va faire un voyage avec sa grand-mère. Elles vont toutes les deux à l'agence de voyages pour acheter leurs billets d'avion. Retrouve les questions posées par Anaïs ou sa grand-mère (A) et celles de l'employé de l'agence (B).

- ☐ Quand est-ce que vous pensez partir ?
- ☐ Vous voulez un aller-retour ou un aller simple ?
- ☐ Vous n'avez pas un avion plus tard ?
- ☐ Combien coûte le billet ?
- ☐ C'est avec quelle compagnie ?
- ☐ Pour quelle date ?
- ☐ Vous n'auriez pas moins cher ?
- ☐ Je vous fais les billets ou vous voulez seulement la réservation ?
- ☐ Vous paierez par chèque ou par carte ?
- ☐ À quel terminal nous devons nous présenter ?

> **LE DÉCOUPAGE ADMINISTRATIF**
> Le territoire national français est divisé en 26 régions, chacune comportant plusieurs départements. Il y en a en tout 100 et ils sont classés par ordre alphabétique. Par exemple le département du Finistère porte le numéro 29, celui de Paris, le 75. Avant on trouvait ce numéro sur les plaques d'immatriculation des voitures.

B. Utilise ces questions pour faire un dialogue avec les informations ci-dessous ou d'autres que tu inventeras.

VOL		DÉPART		ARRIVÉE
AF542	PARISCDG2E	22:50	NAPLES2	00:45
AF553	PARISCDG2E	16:20	NICE/NAPLES2	20:15
AF228	NAPLES2	06:55	PARISCDG2E	08:50
AF232	NAPLES2/NICE	14:25	PARISCDG2E	18:40

- Aller-retour direct Paris cdg / Naples capodichino : 295 €

- Aller-retour Paris cdg / Naples capodichino avec changement à Nice : 165 €

(A) Bonjour.
(B) Bonjour, je voudrais deux billets pour Naples...

LA PAPERASSE

La paperasse, c'est-à-dire les papiers ou documents administratifs, sont nombreux en France. Il faut beaucoup de documents pour effectuer toutes les démarches administratives. Mais quand un agent dans la rue vous dit : « Vos papiers, s'il vous plaît ! », vous devez présenter une carte d'identité, un passeport ou une carte de séjour. En France, une personne qui ne possède pas ces papiers est appelée « sans papier » et elle est considérée comme étant en situation illégale. Si vous circulez en voiture ou en moto, on peut vous demander les papiers du véhicule : c'est le permis de circulation (carte grise) et l'assurance.

7 Les pronoms compléments d'objet direct (1)

A. Associe chacune de ces phrases à l'un des mots suivants :

le passeport   la carte nationale d'identité (CNI)
les droits d'inscription   la carte 14-25

1. Tu dois le présenter à l'entrée de certains pays : ....
2. Si tu l'as, tu peux obtenir des réductions pour voyager : ....
3. On peut la demander lors d'un contrôle d'identité dans la rue : ....
4. Il faut les payer avant de pouvoir participer à certaines activités : ....

B. Sur le modèle de l'exercice précédent (**A**), rédige quatre devinettes et n'oublie pas non plus leur solution ! Essaie de réutiliser le vocabulaire de la section « LEXIQUE » de cette unité.

On peut la demander pour justifier votre adresse.

8 Les pronoms compléments d'objet direct (2)

Voici l'extrait d'un chat entre deux jeunes. Complète ce document à l'aide des formes qui conviennent.

paty1
C3P0
samuel
katboy
gégé5
xxx

paty1 Aujourd'hui, je suis allée faire mon inscription au centre de loisirs pour les vacances.
C3P0 C'est super ! Et on t'a demandé quoi pour .... faire ?
paty1 Une attestation du collège et une autorisation parentale.
C3P0 Et c'est tout ? Il ne fallait pas apporter des photos ?
paty1 Si, deux. D'ailleurs, j'ai dû .... faire ce matin.
C3P0 Et si je veux m'inscrire, qu'est-ce que je dois faire ?
paty1 C'est simple tu peux .... faire directement au centre de loisirs ou bien depuis leur site internet.
C3P0 En fait, il y a un bulletin en ligne et tu peux tout simplement .... télécharger : tu n'as plus qu'à .... remplir et .... imprimer puis tu vas au centre avec toute la paperasse et c'est bon.
paty1 Et c'est tout ? Les parents n'ont pas besoin de venir ?
C3P0 Non, mais surtout, par rapport à l'autorisation, n'oublie surtout pas de .... faire signer par ta mère ou ton père.
paty1 Ça marche ☺

9 Les verbes modaux

Complète les phrases suivantes selon le modèle. Utilise les verbes **devoir, pouvoir, vouloir**.

1. Si tu veux obtenir une réduction, *tu peux demander une carte de fidélité.*
2. Pour entrer gratuitement dans un musée ....
3. Pour obtenir deux entrées au cinéma, ... ou ....
4. Avant d'entrer au lycée, ...
5. .... , le mieux, c'est de remplir cette fiche.
6. Si tu as perdu ta carte d'identité, ...

GRAMMAIRE

10 Le passé récent

Lis ce courriel que Sophie a écrit à Claudine, puis coche les réponses qui conviennent.

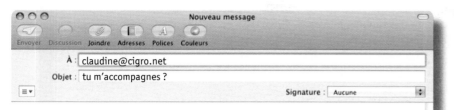

À : claudine@cigro.net
Objet : tu m'accompagnes ?

C'est décidé ! À 17 ans, je passe mon BAFA ! Ce matin, je suis allée à la mairie et ils m'ont tout expliqué pour l'inscription. C'est simple mais je dois convaincre mes parents. C'est un peu cher mais il paraît qu'il y a des bourses pour aider à payer et là il faut que je me renseigne. J'ai déjà rempli la fiche d'inscription qu'ils m'ont donnée et j'espère que maman acceptera de signer. Je vais aller faire des photos cet après-midi. Tu m'accompagnes ?

> **LE BAFA**
> Le BAFA (Brevet d'aptitude aux fonctions d'animateur) est un diplôme délivré à l'issue d'une formation proposé par un organisme habilité par le ministère de la Santé, de la Jeunesse et des Sports. Il autorise à encadrer des enfants et adolescents en séjour de vacances (colonies ou centre aérés) ou en accueil de loisirs (centres sociaux). Cette formation comprend deux parties : un stage théorique et un stage pratique. Il est ouvert aux jeunes dès l'âge de 17 ans ce qui fait que beaucoup de lycéens décident de le passer.

1. Les renseignements pour passer son BAFA,
☐ **a.** elle vient de les demander.
☐ **b.** elle va les demander.

2. La fiche d'inscription,
☐ **a.** elle vient de la remplir.
☐ **b.** elle va la remplir.

3. La mère de Karen,
☐ **a.** vient de signer la fiche d'inscription.
☐ **b.** doit signer la fiche d'inscription.

4. Pour obtenir une bourse,
☐ **a.** elle vient de se renseigner.
☐ **b.** elle doit encore se renseigner.

5. Les photos qui accompagnent le dossier d'inscription,
☐ **a.** elle vient de les faire avec sa copine.
☐ **b.** elle va aller les faire.

11 Les verbes modaux (2)

Observe et complète cet extrait de conversation entre un étudiant qui veut ouvrir un compte bancaire et l'employée de banque.

● Bonjour, madame, je .... ouvrir un compte chez vous. Est-ce que .... me dire ce que je dois faire.

○ Bien sûr, c'est très simple. Tout d'abord vous allez .... remplir un formulaire.

● Et en plus du compte, si ...., ... avoir une carte et recevoir facilement des virements ?

○ Mais bien sûr... .... vous proposer un compte spécial étudiant. Comme ça, ... réaliser toutes les opérations.

● Et est-ce que .... aussi faire des opérations à travers Internet ?

○ Bien évidemment, nos clients .... réaliser toutes leurs opérations en ligne. La seule chose qu' .... faire, c'est la demander au guichet.

● C'est très intéressant mais je veux encore prendre un peu de temps...

○ Pas de problème, revenez quand ....

● Merci au revoir !

○ Au revoir !

12 L'interrogation (1)

Réécris ces questions avec **est-ce que** ou **qu'est-ce que**.

1. Où se trouve la Poste ? *Où est-ce que se trouve la poste, s'il vous plaît ?*
2. Où on achète des timbres ? ....
3. Comment je fais pour m'inscrire à l'université ? ....
4. Pourquoi il faut apporter deux photos de face ? ....
5. C'est quoi la « CNI » ? ....
6. Quand commencent les cours ? ....
7. Vous acceptez les paiements par carte ? ....
8. Quel moyen de transport vous prenez ? ....

13 L'interrogation (2)

Martine est allée se renseigner sur les services offerts par la bibliothèque municipale. Écris les questions.

S'inscrire à la bibliothèque municipale,
c'est simple et gratuit !

• .... ?
○ Vous allez aussi pouvoir emprunter des CD, des DVD...
• .... ?
○ Pour les livres, trois semaines.
• .... ?
○ Bien sûr qu'il y a des activités culturelles.
• .... ?
○ Si vous avez une adresse électronique, vous allez recevoir le calendrier de ces activités tous les mois avec notre bulletin.
• .... ?
○ Non, vous n'êtes pas obligée de venir. Vous pouvez regarder si nous avons le livre sur notre site Internet.
• .... ?
○ Vous devez écrire votre nom et choisir un mot de passe.
• .... ?
○ N'oubliez pas d'apporter une photo d'identité et 30 euros.
• .... ?
○ Effectivement, c'est gratuit, mais cet argent sert de caution en cas de perte ou de dégradation du matériel.

14 L'interrogation (3)

Tu veux obtenir la carte « Fidélité » d'une compagnie de téléphonie mobile. Écris (seul/e ou avec un camarade) le dialogue entre le vendeur et toi. Pour écrire le texte, aidez-vous des informations ci-dessous.

La carte Fidélimouv' : Des appels qui donnent des points que le titulaire de la carte peut convertir en places de cinémas, CD, voyages, etc.
Conditions : Avoir plus de 12 ans / Inscription gratuite
Demande de carte : fidelimouv@telephonis.fr
Consultation des points : www.fidelimouv.fr
Information sur les points obtenus : www.fidelimouv.fr/carte/consultationpoints.html

• *Bonjour, est-ce que vous pourriez m'expliquer comment je peux… ?*
○ *Bien sûr.*

Parce que / pour

- **Parce que/qu'** + VERBE exprime la **cause**.

    *J'ai passé l'été en France **parce que** mon père est français.*

- **Pour** + INFINITIF exprime un **but**, un objectif.

    *J'ai passé l'été en France **pour** améliorer mon français.*

Les verbes modaux

Les verbes modaux sont immédiatement suivis d'un verbe à l'infinitif et indiquent...

- l'obligation : **devoir**

    Je dois faire mes devoirs.

- la possibilité : **pouvoir**

    Tu peux me prêter ton stylo ?

- la volonté : **vouloir**

    Ses parents veulent aller aux sports d'hiver.

	DEVOIR (du)	POUVOIR (pu)	VOULOIR (voulu)
je	dois	peux	veux
tu	dois	peux	veux
il/elle/on	doit	peut	veut
nous	devons	pouvons	voulons
vous	devez	pouvez	voulez
ils/elles	doivent	peuvent	veulent

- Ces verbes sont souvent utilisés sous cette frome pour demander un renseignement ou un service, ainsi que pour donner un conseil.

	DEVOIR	POUVOIR	VOULOIR
je	devrais	pourrais	voudrais
tu	devrais	pourrais	voudrais
il/elle/on	devrait	pourrait	voudrait
nous	devrions	pourrions	voudrions
vous	devriez	pourriez	voudriez
ils/elles	devraient	pourraient	voudraient

*Vous **devriez** poser la question au guichet. (Donner un conseil)*

*Est-ce que vous **pourriez** me dire où se trouve la poste ? (Demander un renseignement)*

*Je **voudrais** m'inscrire. (Solliciter un service)*

Les compléments d'objets directs (COD)

	SINGULIER		PLURIEL
	MASCULIN	FÉMININ	
1re p.	me	me	nous
2e p.	te	te	vous
3e p.	le / l'	la / l'	les

- Les **pronoms COD** remplacent un mot ou un groupe de mots qui a déjà été mentionné. On en évite ainsi la répétition.

    *Voici la fiche d'inscription. Vous devez **la** remplir ~~la fiche d'inscription~~.*

- Les **pronoms COD** se placent devant les verbes (infinitif ou autres temps) sauf à l'impératif.

    *Tiens, voilà le bus ! Tu **le** prends ? Prends-**le** ! Je dis !*

    *Tu as rendu visite à Samantha ? Non, je ne suis pas encore allé **la** voir.*

La question

En français, il existe plusieurs façons de poser une question, du registre dit « soutenu » au plus familier en passant par le plus standard. Il conviendra d'adopter le style de questions au registre à adopter.

L'inversion

Cette forme est peu utilisée à l'oral mais est encore courante à l'écrit.

*Alors, que **font-ils** d'après toi ?*

*Quelle heure **est-il** ?*

*Pardon Monsieur, **savez-vous** où se trouve la mairie ?*

*Comment **allez-vous** au travail le matin ?*

Qu'est-ce que / est-ce que

Cette forme, considérée standard, est de moins en moins utilisée.

*Alors, **qu'est-ce qu'**ils font d'après toi ?*

*Quelle heure **est-ce qu'**il est ?*

*Pardon monsieur, **est-ce que** vous savez où se trouve la mairie ?*

*Comment **est-ce que** vous allez au travail ce matin ?*

Le déplacement de la forme interrogative

- La forme sur laquelle porte la question est immédiatement placée après le verbe.

    *Alors, ils font **quoi** d'après toi ? (Dans ce cas, **que** devient **quoi**)*

    *Il est **quelle** heure ?*

    *Pardon Monsieur, vous savez **où** se trouve la mairie ?*

    *Vous allez **comment** au travail ce matin ?*

- Dans la pratique, surtout à l'oral, il est normal qu'une même personne mélange ces différentes formes.

    JOURNALISTE : *En quelle année est-ce que vous êtes parti ?*
    RÉPONSE : *en 1994*
    J. : *Et vous êtes allé où ?*
    R : *à Rome.*
    J : *Connaissiez-vous déjà la ville ?*
    R : *Pas du tout.*

Le passé récent

- On forme le passé récent à partir du verbe **venir** (au présent de l'indicatif) + de + INFINITIF. Cette forme indique qu'une action a eu lieu dans un passé perçu comme étant très proche.

    - *Tu as vu Kitty Grade ?*
    - *Oui, **je viens le voir**, trop bien ce manga !*

15 La différence entre [y], [i] et [u]

A. Dis si tu entends le son [y] comme dans **rue**, [i] comme dans **riz** ou [u] comme dans **roue**.

Piste 8

	[y]	[i]	[u]
1			
2			
3			

B. Coche la phrase que tu entends.

Piste 9

[y]
☐ C'est la vue !
☐ Il est pur.
☐ Il faut le dur.
☐ Voilà les pulls.

[y]
☐ Votre veste est dessus.
☐ Vous êtes sûr ?
☐ Les enfants sont purs.
☐ C'est vu !

[i]
☐ C'est la vie !
☐ Il est pire.
☐ Il faut le dire.
☐ Voilà les piles.

[u]
☐ Votre veste est dessous.
☐ Vous êtes sourd ?
☐ Les enfants sont pour.
☐ C'est vous !

C. Écoute et complète les phrases.

Piste 10

1. Prends cette r.......... quand tu sors !
2. Mesdames, Messieurs, vous avez 15% de réduction sur les p.......... .
3. Ne cherche plus ! Le crayon est dess.......... .
4. Séverine, t.......... va bien ?
5. Votre v.......... s'améliore, alors cessez de vous plaindre !
6. Tu crois qu'il a d.......... « charme » ?

D. Écoute ces phrases et réponds selon l'exemple. Si tu peux, enregistre tes réponses et donne-les à ton professeur.

Piste 11

Participe passé de croire : cru

E. Écoute les réponses de l'exercice **D** et compare-les à tes réponses.

Piste 12

C'est la vie !

COMPRENDRE UN DIALOGUE À LA RADIO

> Dans cet exercice, il vous est demandé de comprendre le thème et l'idée principale d'un petit extrait d'une conversation radiophonique.

Quand vous écoutez une conversation à la radio dans votre langue maternelle, vous n'entendez pas nécessairement tous les mots. Vous retenez le principal. Pour l'examen, on ne vous en demande pas plus. Une compréhension globale est suffisante.

• **Exemple**

Transcription :

• *Bienvenue sur notre émission « La vérité ». Le thème d'aujourd'hui : les Français et l'éducation supérieure. Pour nous en parler, nous avons ici avec nous notre invitée Angela Vernon, professeur à la Sorbonne. Alors Madame Vernon, d'après les sondages, de plus en plus de jeunes s'inscrivent à l'université ?*
○ *Oui, en effet. Les inscriptions ont fortement augmenté ces dernières années et le monde de l'éducation universitaire a de plus en plus de poids.*
• *Et à quoi est due cette nouvelle tendance des jeunes Français ?*

1. Il s'agit d'un extrait de radio. Pensez-vous que c'est...

☐ un débat.
☒ une émission avec invité.
☐ des informations.

↘ On entend dans la présentation : « bienvenue sur notre émission / avec nous notre invitée ».

2. Comment s'appelle l'émission ?

☒ La vérité.
☐ Le thème d'aujourd'hui.
☐ Les Français et l'éducation supérieure.

↘ Le présentateur dit : « Bienvenue sur notre émission La vérité ».

3. Angela Vernon travaille dans le secteur de l'enseignement.

☒ Vrai.
☐ Faux.

↘ Dans la présentation on entend « notre invitée, Angela Vernon, professeur à la Sorbonne ».

4. Les inscriptions sont :

☒ plus nombreuses qu'il y a quelques années.
☐ moins importantes qu'il y a quelques années.

↘ Dans l'enregistrement, Angela Vernon déclare : « les inscriptions ont fortement augmenté ces dernières années ».

> ✎ Identifiez les différents locuteurs par leur voix.
>
> ✎ Lisez bien les questions avant l'écoute. Elles vous fournissent du vocabulaire et des indices sur ce que vous allez entendre.
>
> ✎ Restez calme. Ce que vous n'avez pas compris à la première écoute, la deuxième écoute vous permettra de le comprendre.

● **Exercice 1**

Piste 14

Écoutez et répondez aux questions en cochant la bonne réponse.

1. Il s'agit...

 ☐ d'un débat.
 ☐ d'un message publicitaire.
 ☐ d'un bulletin d'information.

2. La carte s'appelle...

 ☐ carte club.
 ☐ carte réduction.
 ☐ carte campus.

3. Qu'est-ce qu'on peut faire avec la carte ?

 ☐ On peut avoir des réductions.
 ☐ On peut manger au restaurant.
 ☐ On peut trouver un logement.

4. Comment peut-on obtenir sa carte ?

 ☐ Il faut donner sa carte d'étudiant et un justificatif de domicile.
 ☐ Il faut donner sa carte d'étudiant et son numéro de compte bancaire.
 ☐ Il faut donner sa carte d'étudiant et 50 euros.

● **Exercice 2**

Piste 15

Écoutez et répondez aux questions en cochant la bonne réponse.

1. Le thème général de la conversation concerne...

 ☐ les entreprises.
 ☐ les banques.
 ☐ les particuliers.

2. La première personne pense que...

 ☐ les banques sont plus sûres qu'avant.
 ☐ les banques sont moins sûres qu'avant.

3. La femme trouve que...

 ☐ c'est cher.
 ☐ ce n'est pas cher.

4. Les deux interlocuteurs...

 ☐ sont d'accord.
 ☐ ne sont pas d'accord.

Piste 16

• Exercice 3

Écoutez et répondez aux questions en cochant la bonne réponse.

1. Il s'agit...

   ☐ d'un bulletin d'information.
   ☐ d'un débat.
   ☐ d'un message publicitaire.

2. De quoi traite l'enregistrement ?

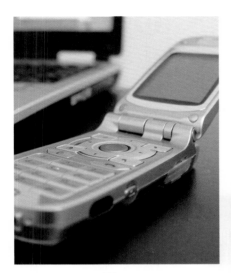

☐ a

☐ b

☐ c

3. On dit que la communication est difficile...

   ☐ pour le secteur public.
   ☐ pour le secteur privé.
   ☐ pour le secteur commercial.

COMPRENDRE DES ANNONCES ET DES INSTRUCTIONS

Dans cet exercice, vous allez lire des annonces ou des instructions. Vous devrez comprendre le message qu'elles transmettent.

D'abord, identifiez le type d'annonce ou d'instructions. Elles peuvent : **autoriser**, **obliger**, **interdire**, **conseiller**, **déconseiller**, etc. Ensuite cherchez à comprendre à quel thème elles font référence.

● **Exemple**

Indiquez à quelle annonce font référence les phrases suivantes :

		➘ Voici les références communes entre la phrase et l'annonce ou l'instruction qui lui correspond :
1. On peut s'inscrire pour nager.	E	➘ « inscrire » : inscription ; « nager » : natation
2. On peut partir en Amérique du Nord et payer moins cher.	H	➘ « Amérique du Nord » : Canada ; « payer moins cher » : promotion
3. On ne peut pas y aller pour acheter un portable.	D	➘ « portable » : téléphone ; « pas y aller » : boutique fermée
4. On peut emprunter des livres le week-end.	C	➘ « emprunter des livres » : bibliothèque ; « week-end » : samedi
5. Il est possible de faire des démarches.	A	➘ « démarches » : secrétariat
6. On ne peut pas allumer une cigarette.	G	➘ « cigarette » : fumer

✎ Les questions jouent souvent sur des synonymes.

✎ L'utilisation de négations ou d'affirmations dans les phrases n'est pas importante. C'est le thème qui est important.

✎ Vous pouvez trouver des instructions ou annonces sur des panneaux, dans des modes d'emploi, des règlements, des règles du jeu, etc.

● **Exercice I**

1. À quel thème font référence les panneaux suivants ?

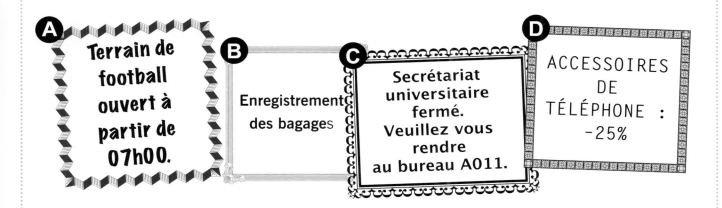

Avion		Sécurité	
Banque		Sport	
Communications		Transports	
Mairie		Université	

2. Pour les phrases 1 à 5, indiquez dans le tableau la lettre correspondante.

1. Il est possible de faire du foot de bonne heure.	
2. Il n'est pas possible d'aller à ce bureau pour remplir un formulaire pour ses études.	
3. On peut prendre un bus.	
4. On peut demander sa carte d'identité.	
5. Il faut y laisser ses valises avant de prendre l'avion.	

Écrire une lettre ou un courriel

> Parmi les écrits à produire, vous pouvez trouver des lettres personnelles ou éventuellement des courriels. Ce sont deux formes différentes de rédaction, mais elles ont beaucoup de points en commun. Nous verrons principalement la structure de la lettre.

Aujourd'hui, un courriel peut être aussi formel qu'une lettre. Pour des questions pratiques, à l'examen, on te demandera certainement d'écrire une lettre.

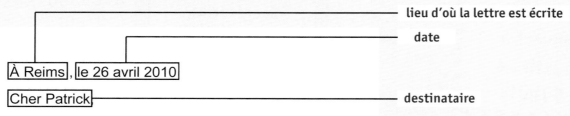

lieu d'où la lettre est écrite

date

À Reims, le 26 avril 2010

Cher Patrick ———— destinataire

J'espère que tu vas bien depuis la dernière fois qu'on s'est écrit. Qu'est-ce que tu fais en ce moment ? Moi, je me prépare pour le dernier trimestre. Pas facile.

Tu te souviens que je t'ai dit que mon grand frère voulait étudier en France ? Il est en train de préparer toute la documentation et il voulait savoir si tu pouvais l'aider pour trouver un logement.

J'espère que tu pourras lui donner ces renseignements.

Merci d'avance.

À bientôt

Ricardo

formule de prise de congé

signature

> 🖎 N'oubliez pas de commencer votre carte avec une formule de salutation : **Chers tous** (pour toute la famille) ; **cher** + prénom masculin / **chère** + prénom féminin // **Salut** + prénom.
>
> 🖎 N'oubliez pas la virgule (,) après la salutation : **Chers grand-mère et grand-père,**
>
> 🖎 Pensez à prendre congé avec une formule simple : **je t'/vous embrasse, Grosses bises,** (surtout pour la famille), **À bientôt, Bises, Tchao.**
>
> 🖎 Votre texte doit faire de 60 à 80 mots (respectez cette indication avec +/- 10%).

● **Exercice**

Complétez la lettre ci-dessous.

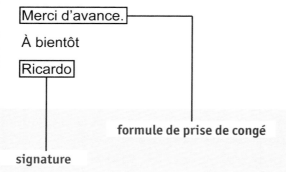

Je suis enfin arrivé à .... après un voyage interminable. La ville a l'air sympa mais pour l'instant mon programme, c'est faire le tour des administrations. Je dois faire une demande de logement pour l'année scolaire, demander un permis de séjour, m'inscrire à la bibliothèque … Je déteste faire des démarches, mais bon … c'est comme ça. Je t'écrirai quand je serai un peu plus installé.

....

L'exercice en interaction

> Dans cet exercice, vous allez simuler une situation ou jouer un rôle de la vie quotidienne. Vous devez simuler un dialogue pour obtenir un objet ou un service, accepter ou refuser une invitation, organiser une activité, échanger des informations, etc. L'examinateur va vous expliquer la scène et vous servira de partenaire. L'exercice dure de 3 à 5 min.

● **Exemple**

Piste 17

Vous entrez dans un magasin d'informatique. Vous voulez faire un cadeau à une amie qui n'a rien pour écouter de la musique mais vous hésitez entre plusieurs produits. Vous demandez au vendeur de vous aider.

Transcription :

● *Bonjour Monsieur.*

○ *Bonjour, que puis-je pour vous ?*

● *Voilà... je cherche un lecteur de musique...*

○ *Et c'est pour une occasion spéciale ?*

● *Oui, c'est pour l'anniversaire d'une amie. On veut faire un cadeau en commun...*

○ *Et vous avez une idée de l'argent que vous voulez dépenser dans ce cadeau ?*

● *Bien sûr, on a... nous avons un budget de 100 €. Vous pensez que je vais pouvoir trouver quelque chose d'intéressant à ce prix-là ?*

○ *Bien entendu. Je vais vous montrer notre choix et nous avons de très beaux lecteurs mp4 à des prix vraiment excellents.*

● *C'est parfait. Eh bien, montrez-moi un peu ce que vous avez.*

○ *Alors là vous avez un modèle qui a une grande capacité... en plus il permet de télécharger des photos et des e-mails...*

● *Oh mais ce doit être hors de prix pour notre budget.*

○ *Pas du tout, celui-ci coûte 89 €. Mais il me reste d'autres modèles.*

● *Vous pouvez me les montrer, sil vous plaît ?*

○ *Voici un très beau modèle disponible en plusieurs couleurs.*

● *Et il a une grande capacité de mémoire ?*

○ *Avec ce modèle, votre amie pourra écouter de la musique pendant des heures.*

● *C'est vrai que c'est un beau modèle, avec, en plus, des options qui ont l'air très intéressantes.*

○ *C'est l'un des plus complets. Je le prépare, alors ?*

● *Non, je vous remercie mais je veux en parler avec les autres... Vous savez c'est une décision qu'on doit prendre en groupe...*

○ *Je comprends...*

● *De toute façon, si nous sommes intéressés, nous reviendrons.*

○ *Pas de problème, merci madame.*

● *Merci à vous. Au revoir.*

○ *Au revoir.*

📎 Ne serrez pas la main de votre examinateur.

📎 N'oubliez pas qu'avec les personnes que vous ne connaissez pas, vous devez utiliser systématiquement « **vous** ».

📎 Dans une boutique, ponctuez vos questions de s'il vous plaît et n'oubliez pas de dire « **merci** » quand on vous donne l'objet ou quand on vous rend la monnaie.

📎 Vous ne pouvez pas prévoir toutes les questions. Ce n'est pas un problème. L'examinateur va apprécier votre capacité de réaction. Vous devez :

- Savoir demander si vous n'avez pas compris (**excusez-moi, je n'ai pas (bien) compris votre question** / **excusez-moi, est-ce que vous pouvez répéter** (la phrase, le prix...), **s'il vous plaît ?** / **pardon ?** ...)
- Remercier pour la répétition ou l'explication : **merci (bien)** / **merci, c'est gentil.**
- Demander, si nécessaire, de parler plus lentement : **est-ce que vous pouvez parlez plus lentement, s'il vous plaît ?**

📎 Ces petites phrases seront appréciées et montreront votre capacité à faire face à une situation et à dépasser les difficultés de langue que vous pouvez rencontrer.

📎 À la fin de la scène, n'oubliez pas de conclure avec une formule appropriée :
Merci, Monsieur / Madame, au revoir.

📎 Dans l'examen, vous ne jouerez jamais le rôle du marchand ou de l'employé. Mais vous pouvez vous entraîner avec un/e camarade à faire les deux rôles.

📎 Si vous pouvez le faire, enregistrez-vous puis écoutez-vous ou demandez à votre professeur de le faire pour vous aider à mieux comprendre.

ENTRAÎNEMENT AU DELF | **Partie 4** | **Production orale**

• Exercice 1

Pour un travail de classe, vous devez chercher des renseignements sur l'Europe. Vous n'avez pas tout trouvé sur internet. Vous allez donc à la bibliothèque et demander à la personne de l'accueil comment vous pouvez obtenir cette information.

Entraînez-vous avec votre professeur ou avec un/e camarade.

■ Exercice 2

Avec un groupe d'amis, vous voulez organiser une fête solidaire pour collecter de l'argent qui devra être employé à aider les activités d'une ONG qui travaille pour un pays en voie développement. Vous allez à la mairie pour expliquer un peu votre projet et pour vous renseigner sur les conditions de location d'une salle pour la fête.

Entraînez-vous avec votre professeur ou avec un/e camarade.

Mes amis

Dans cette unité, nous allons parler de nos amis

Tout pour...
- parler d'une réunion entre amis
- proposer, accepter et refuser une invitation
- présenter, décrire et comparer des personnes
- demander et donner un avis ou une impression

Tout pour bien utiliser...
- l'imparfait
- les pronoms personnels COI
- les pronoms relatifs **que** et **qui**
- la place des adjectifs et quelques adjectifs irréguliers
- les pronoms démonstratifs

Entraînement au DELF scolaire et junior A2
- l'extrait de radio (un intervenant) (CO)
- l'extrait de presse (CE)
- la lettre ou le courriel (PE)
- l'entretien dirigé (PO)

1 Les relations

Donne le nom d'un/e ami/e, d'un/e camarade de classe et d'un membre de ta famille puis dis ce que tu aimes faire avec chacune de ces personnes. Tu peux t'aider de la liste et l'élargir.

> parler sur le chat   jouer à des jeux de société   partir en voyage
> discuter   faire des courses   se promener   aller au cinéma   faire du sport
> faire un devoir ou un travail ensemble

Avec mon ami Henri, j'aime bien aller au cinéma : on adore les films d'horreur.

- Moi, avec mon ami Henri, j'aime bien aller au cinéma voir un film d'horreur. Et toi, qu'est-ce que tu aimes faire avec tes amis ?

2 Accepter ou refuser une invitation

A. Complète ce dialogue avec les expressions suivantes.

> je suis désolé   on se retrouve à quelle heure   ça te dit   d'accord
> pas de problème   c'est impossible   avec plaisir   volontiers   tu as un problème

- Salut ! *Ça te dit* de venir à l'anniversaire de Paul ?
- Oui, ..., mais c'est quand ?
- Samedi.
- Ce samedi ?
- Oui. Pourquoi, ... ?
- Ben, ... mais samedi soir, mes parents ne vont jamais me laisser ! Pour une prochaine fois peut-être.
- Mais tu sais, c'est dans la journée, pas le soir.
- Ah bon, alors .... !
- Et tu sais où il habite ?
- Non !

- À Pontivy.
- C'est où ça ?
- À 35 km d'ici.
- Alors là, je ne pourrai pas, mais parents ne vont pas vouloir me conduire.
- Mais moi, mes parents m'amènent. Viens avec nous.
- .... Et .... ?
- À 11 heures, comme ça on arrivera juste pour le repas. Tu es d'accord ?
- .... ! Et il faut amener quelque chose ?
- Ben, il ne m'a rien dit, mais je peux lui demander.
- Ok. Eh bien à samedi !
- À samedi !

B. À deux, écrivez un petit dialogue où vous invitez un ami à une fête déguisée. Vous trouverez les renseignements sur le courriel d'invitation.

Salut à tous !
Super soirée « Martiens » !
Venez tous déguisés chez moi (rue Marceau, 10) samedi 4 novembre à partir de 14h. N'oubliez pas d'amener un plat de martien (quiche, pizza ou salade) et une boisson martienne.
Je vous attends tous.
À samedi !

LEXIQUE

3 Le portrait physique

A. Associe une description à l'une de ces personnes.

A. LE PROFESSEUR DE MATHS. Il est âgé, avec une moustache, élégant et chauve. Il a l'air drôle.

D. JEAN-JACQUES. Il est roux, il est plutôt petit et pas très beau. Mais il est en forme. En général, il a un look sportif et donne l'impression d'être toujours distrait.

C. CLAUDINE. Elle est mignonne, mince, grande et avec les cheveux blonds et raides. Elle porte des vêtements à la mode et a l'air sympa.

B. MARINA. Elle est un peu ronde avec les cheveux noirs longs et frisés. Elle a un grand nez. Elle porte des vêtements très classiques et elle a l'air strict.

E. ANNETTE. Elle est jolie, très mince, petite et avec les cheveux blonds et courts. Elle a les yeux marron et elle sourit tout le temps.

B. Fais la description physique de trois camarades de classe.

4 Adjectifs positifs / négatifs

A. Les Français, quand ils parlent, évitent souvent d'utiliser des adjectifs négatifs pour rester très diplomates. Complète les phrases suivantes avec les adjectifs de la liste comme dans l'exemple.

> beau/belle détendu/e gai/e doux/douce super intéressant/e
> flexible chaleureux/chaleureuse intelligent/e généreux/ généreuse

- Il est **moche** cet appartement.
- Ce film est **nul**.
- Il t'a dit ça ! Mais il est **stupide** !
- Je ne peux rien dire à mon fils, il est vraiment **têtu** !
- Il trouve son frère trop **égoïste**.
- Je trouve qu'Arnaud est un peu **nerveux**.
- Tu ne trouves pas que cette histoire est **déprimante** ?
- J'ai l'impression qu'elle est plutôt **dure** avec le personnel.
- Tu ne trouves pas que son père est **distant** avec nous ?
- Ce jeu est plutôt **ennuyeux**, tu ne trouves pas ?

- En effet, il n'est pas *beau*.
- C'est vrai, il n'est pas...
- Effectivement, il n'est pas...
- Oui, il n'est pas...
- Oui, il a raison, il n'est pas...
- C'est vrai, il n'est pas...
- Effectivement, elle n'est pas...
- C'est sûr, elle n'est pas...
- Oui, en effet, il n'est pas...
- Ah oui, il n'est pas...

B. Dis quels sont les adjectifs de la liste qui correspondent à ton caractère. Pour nuancer tes réponses, tu peux utiliser les mots suivants :

> très/pas très trop/pas trop vraiment/pas vraiment plutôt assez

Je pense que je suis assez têtu, mais je ne suis pas trop...

C. Demande à un/e camarade quels sont ses défauts et ses qualités.

- *Dis-moi, à ton avis, quelles sont tes qualités principales ?*
- *Alors moi, je pense que je suis...*

LES VÊTEMENTS ET ACCESSOIRES
une chemise
un chemisier
un tee-shirt
un pantalon
une jupe
une robe
une (paire de) chaussure(s)
une (paire de) chaussette(s)
un pull
une veste
un blouson
un manteau
un chapeau
un maillot de bain
un survêtement
   (fam. : un survêt)
une casquette
des tennis (une paire de tennis)
des baskets
   (une paire de baskets)
une paire de lunettes
un sweat-shirt
   (pron. : [suit-shɛrt])

CHERCHER DANS LE DICTIONNAIRE
Si tu ne comprends pas un mot, tu peux le chercher dans un dictionnaire ; tu peux aussi taper ce mot sur un moteur de recherche dans la section « image » : les photos t'aideront à comprendre ce que c'est.

LEXIQUE

C'EST / IL EST

Rappelez-vous, pour parler d'une personne on dit :
- **Il/elle est** + ADJECTIF : *il est* grand, *elle est mignonne…*
- **C'est** + DÉTERMINANT + NOM : *c'est un garçon* grand et maigre, *c'est ma copine…*

EXPRIMER LA RESSEMBLANCE

- **ressembler à**
  *Habillée comme ça, **tu ressembles à** une princesse.*
- **même**
  *Ils ont le **même** intérêt pour le cinéma, la **même** passion pour les voitures et ils portent les **mêmes** vêtements.*
- **pareil**
  *Rachel et Éric pensent **pareil** et s'habillent **pareil**.*
- **comme**
  *Elle se comporte **comme** une petite fille capricieuse.*

5 Caractères et points communs

Justine organise une fête samedi. Lis la liste des garçons et des filles qu'elle invite. À ton avis, qui s'entendra bien avec qui ? À deux, amusez-vous à former des paires ou des groupes d'ami/e(s) et justifiez votre choix.

Les garçons

FOUAD : Il est toujours bien habillé. Il aime jouer sur la console ou faire du foot avec ses copains. C'est un fou des Simpsons !

YANN : il est bavard, drôle et chaleureux. Il aime lire et faire du sport. Au collège, il a de bon résultats et il est très sérieux.

JÉRÉMY : très sportif, il est très actif et aime les activités à l'extérieur. Il déteste lire ou rester assis plus d'une heure. Il est fort et il a un grand sens de l'humour.

GAÉTAN : Il fait plus que son âge. Il a l'air très sérieux avec ses lunettes. Il est assez timide mais, quand on le connaît, il rit beaucoup et fait beaucoup rire. Il déteste faire les magasins avec ses copines.

> Je crois que Claire et Jérémy vont bien ensemble parce que tous les deux aiment se promener dans la nature. Ils se ressemblent un peu parce que Alice est un peu complexée et Gaëtan est timide. Comme lui, Pauline est plutôt calme et silencieuse.

Les filles

PAULINE : elle est très coquette. Elle a l'air très sympa, dynamique et, en général, elle a bon caractère. Surtout, elle aime beaucoup rire et s'amuser. Elle est assez sportive et elle n'aime pas trop faire les boutiques en ville. Elle aime bien aller au cinéma de temps en temps.

ALICE : c'est une fille un peu complexée. Elle ne parle pas beaucoup mais elle aime écouter les autres. Elle aime les promenades à la campagne, mais elle adore aussi voir des amis et aller faire un tour en ville avec eux.

ÉLODIE : elle est très ouverte sur les autres. Elle adore les gens qui parlent beaucoup ou qui la font rire. Elle ne déteste pas les activités sportives et c'est aussi une passionnée de cinéma (surtout si les acteurs sont beaux).

CLAIRE : elle aime l'action. C'est une personne très ordonnée et sérieuse qui adore marcher, courir, aller au cinéma, faire du shopping, danser, etc. Le repos, elle déteste ça. Au collège, c'est toujours la meilleure.

- Qui s'entendrait avec Jérémy selon toi ?
- Je pense que..

6 Mots croisés : Le caractère

A. Mots croisés. Retrouve les noms correspondant aux définitions suivantes et place-les dans la grille.

1. Qui reste sur ses opinions.
2. Qui pense uniquement à lui-même.
3. Qui est grave. Contraire de gai.
4. Contraire de stressé.
5. Qui parle beaucoup.
6. Irritable. Contraire de calme.
7. Qui est froid.
8. Qui ne fait pas attention à ce qu'il fait ou ce qu'il dit.
9. Personne qui a tendance a attaquer les autres.
10. Qui n'est pas gentil avec les autres.
11. Qui est réservé par rapport à ses qualités.
12. Qui dit des choses mais en pense d'autres.
13. Qui intéresse.

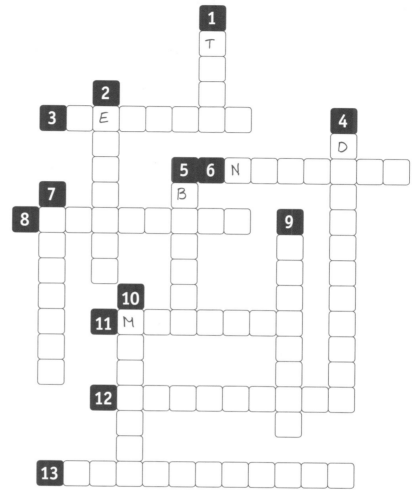

B. Donne le nom de cinq personnes qui correspondent à certains de ces adjectifs.

Ma copine Christine, elle est mignonne, sérieuse, intéressante et modeste.

7 Opinions

A. Lis les affirmations suivantes. Es-tu d'accord ?

 Je suis tout à fait d'accord.

 Je suis assez d'accord.

 Je ne suis pas d'accord.

 Je ne suis pas du tout d'accord.

On doit tout supporter de ses amis. ....
Les amis, c'est plus important que la famille. ....
On ne doit jamais prêter d'argent aux amis. ....
Les copains ont l'obligation de vous aider si vous avez des problèmes. ....
Il est imprudent de travailler avec des amis. ....

B. À deux, comparez et commentez vos avis.

• *Est-ce que tu crois que les amis sont plus importants que la famille ?*
○ *À mon avis, ...*

DEMANDER / DONNER SON OPINION

• **Pour demander l'opinion de quelqu'un**
Qu'est-ce que tu penses/vous pensez de sa maison ?
À ton/votre avis, il est bien ce film ?
Tu/Vous (ne) crois/ croyez (pas) que la fête était réussie ?

• **Pour donner son opinion ou ses impressions**
Je crois / pense que c'est le meilleur film de la saison.
À mon avis,
Selon moi,
D'après moi,
Je trouve que
J'ai l'impression que ta copine aime beaucoup sortir

8 L'imparfait

A. Imen envoie un courriel à son amie Stéphanie pour lui raconter son après-midi chez sa copine Sarah. Complète le texte avec **c'était**, **il était**, **il faisait**, **il y avait**.

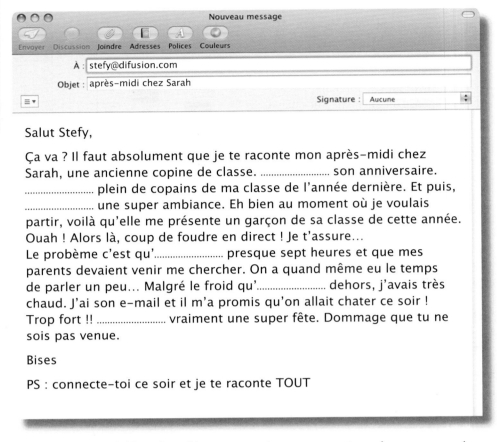

Salut Stefy,

Ça va ? Il faut absolument que je te raconte mon après-midi chez Sarah, une ancienne copine de classe. .... son anniversaire. .... plein de copains de ma classe de l'année dernière. Et puis, ... une super ambiance. Eh bien au moment où je voulais partir, voilà qu'elle me présente un garçon de sa classe de cette année. Ouah ! Alors là, coup de foudre en direct ! Je t'assure...
Le problème c'est qu'........................ presque sept heures et que mes parents devaient venir me chercher. On a quand même eu le temps de parler un peu... Malgré le froid qu'........................ dehors, j'avais très chaud. J'ai son e-mail et il m'a promis qu'on allait chater ce soir ! Trop fort !! .... vraiment une super fête. Dommage que tu ne sois pas venue.

Bises

PS : connecte-toi ce soir et je te raconte TOUT

B. Envoie un courriel à un/e ami/e pour raconter une rencontre qui vous a marqué.

• *Tu sais ? L'autre jour, j'ai rencontré...*

9 Les pronoms compléments d'objet direct (COD) et indirect (COI).

Complète le dialogue avec la forme qui convient : **le, la, l', lui, leur.**

• Tu as reçu l'invitation pour la fête de Julien ?
○ Oui, je viens de .... recevoir ce matin.
• Et tu .... as acheté un cadeau ?
○ Non, je veux .... acheter le dernier CD des Mentalos mais je ne .... trouve pas. Sinon, je ne sais vraiment pas quoi .... offrir !

• J'ai une idée ! On pourrait appeler ses parents et .... demander conseil. Comme ils .... voient tous les jours, ils savent mieux que nous les choses qui .... manquent.
○ C'est pas une mauvaise idée. Je vais .... appeler tout de suite et comme ça on va pouvoir .... acheter quelque chose ensemble, toi et moi, non ?
• OK, on fait comme ça.

FAIRE LA FÊTE
En France, on organise souvent des fêtes entre amis du lycée ou de l'université. Ces fêtes se déroulent dans un appartement, une maison ou un local privé. On écoute de la musique, on danse et on mange aussi. On parle de **fête** (**faire une fête**) ou aussi, plus familièrement, de **teuf**.

10 Les pronoms relatifs : qui / que

A. Mets devant chaque fragment manquant **qui**, **que** ou **qu'** pour compléter les phrases.

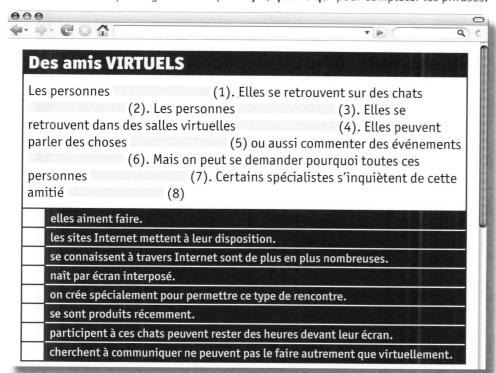

Des amis VIRTUELS

Les personnes _____ (1). Elles se retrouvent sur des chats _____ (2). Les personnes _____ (3). Elles se retrouvent dans des salles virtuelles _____ (4). Elles peuvent parler des choses _____ (5) ou aussi commenter des événements _____ (6). Mais on peut se demander pourquoi toutes ces personnes _____ (7). Certains spécialistes s'inquiètent de cette amitié _____ (8)

	elles aiment faire.
	les sites Internet mettent à leur disposition.
	se connaissent à travers Internet sont de plus en plus nombreuses.
	naît par écran interposé.
	on crée spécialement pour permettre ce type de rencontre.
	se sont produits récemment.
	participent à ces chats peuvent rester des heures devant leur écran.
	cherchent à communiquer ne peuvent pas le faire autrement que virtuellement.

B. Et toi, que penses-tu de te faire des amis/es sur Internet ? Écris un petit texte. N'oublie pas que tu peux utiliser **qui** et **que** dans tes phrases.

À mon avis, les personnes qui…
● Moi, je pense que les gens qui utilisent le chat…

---

11 La place des adjectifs

A. Steve écrit à son ami Thomas. Il a parfois mal placé les adjectifs. Corrige les erreurs mais attention : tous ne sont pas mal placés !

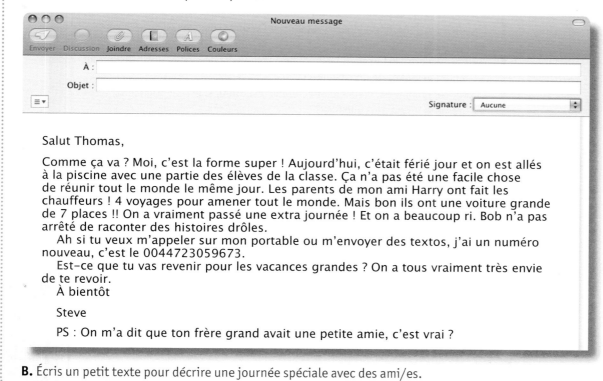

À :
Objet :
Signature : Aucune

Salut Thomas,

Comme ça va ? Moi, c'est la forme super ! Aujourd'hui, c'était férié jour et on est allés à la piscine avec une partie des élèves de la classe. Ça n'a pas été une facile chose de réunir tout le monde le même jour. Les parents de mon ami Harry ont fait les chauffeurs ! 4 voyages pour amener tout le monde. Mais bon ils ont une voiture grande de 7 places !! On a vraiment passé une extra journée ! Et on a beaucoup ri. Bob n'a pas arrêté de raconter des histoires drôles.
Ah si tu veux m'appeler sur mon portable ou m'envoyer des textos, j'ai un numéro nouveau, c'est le 0044723059673.
Est-ce que tu vas revenir pour les vacances grandes ? On a tous vraiment très envie de te revoir.
À bientôt

Steve

PS : On m'a dit que ton frère grand avait une petite amie, c'est vrai ?

B. Écris un petit texte pour décrire une journée spéciale avec des ami/es.

QUE OU QU'/QUI

● On apostrophe **que** devant une voyelle :
*Le cadeau **qu'**il a offert est très pratique.*
● On n'apostrophe jamais **qui** :
*La fille **qui** est à côté de lui est américaine.*

ADJECTIFS DANS UNE SÉRIE

● Les adjectifs qui indiquent l'ordre dans une série se placent généralement devant :
*le **premier** chapitre, le **deuxième**… le **dernier** chapitre.
Son prochain livre va sortir pour Noël.*
● Mais si **dernier** ou **prochain** font référence à la semaine, au mois ou à l'année qui vient de passer ou qui arrive, on les place après le nom :
*la semaine **dernière**, la semaine **prochaine**.*

12 La forme des adjectifs

M. Domenech vient de changer de voiture. Il propose à son voisin, M. Zeller d'aller faire un tour avec lui. Complète leur dialogue avec les adjectifs suivants.

petit   ancien   blanc (2 fois)   cher   métallisé   neuf
nouveau (2 fois)   prudent   spacieux   vieux

NEUF / NOUVEAU
- **Neuf** est un adjectif qui désigne une chose qui vient d'être fabriquée et n'a pas encore servi.
- **Nouveau** est un adjectif qui désigne une chose qui remplace une autre. On peut avoir *une nouvelle voiture* mais elle n'est pas obligatoirement **neuve**, elle peut être d'occasion. À l'inverse, *une voiture* **neuve** ne peut jamais être d'occasion.

- Eh, M. Zeller, ça vous dit de venir faire un tour dans ma nouvelle voiture ?
- ○ Vous avez changé de voiture ? Qu'est-ce que vous avez fait de votre .... Super5 ?
- Vendue !
- ○ Et celle que vous avez achetée, c'est une voiture d'occasion ou elle est .... ?
- Elle est tout neuve ! J'ai acheté le .... modèle de chez Renault. Elle est plus .... parce que mon .... voiture était devenue trop ....
- ○ Et elle est de quelle couleur ?
- Il y avait le choix et j'ai pris la ....
- ○ Personnellement, je n'aime pas les voitures .... Je préfère les modèles .... Et elle coûte combien ?
- Oh, elle est un peu .... mais j'ai demandé un crédit. Alors, vous venez ?
- ○ D'accord, mais ne roulez pas trop vite et restez ....

13 Les pronoms démonstratifs

A. Pour éviter les répétitions de ce dialogue, remplace les formes soulignées par les pronoms démonstratifs **celui, celle, ceux, celles, ça.**

CELUI-CI OU CELUI-LÀ
Si vous désignez un objet, puis un autre, ou si vous en avez un dans une main et un dans l'autre, et vous voulez demander à quelqu'un d'en choisir un, vous devez lui poser la question suivante :
(Un stylo rouge et un stylo noir :) *Lequel veux-tu ?*
Celui-ci (pour le premier objet désigné) ou ***celui-là*** (pour le deuxième) ?

- Qu'est-ce que tu as dans tes mains ?
- ○ Ce que j'ai dans mes mains ? C'est une vieille photo de classe.
- Oh fais-moi voir !
- ○ Tiens, regarde. Je t'explique. L'homme à la moustache, c'était notre instituteur.
- Cet homme qui porte un costume ?
- ○ Non, cet homme-là, c'était le directeur. L'instituteur, c'est cet homme-ci.
- Et derrière ? C'est qui cette fille ?
- ○ Cette fille qui est à droite ?
- Non, cette fille qui est à gauche.
- ○ C'était Géraldine.
- Ah oui, qu'est-ce qu'elle a changé ! Et ces garçons ?
- ○ Eux, ce sont ces garçons avec qui je fais encore du foot le samedi. Tu ne les reconnais pas ? Ce garçon à gauche, c'est Yann et ce garçon à droite, c'est Pierrick.
- Et les filles du fond ?
- ○ Ces filles-là ? Ce sont les sœurs de mon ami Régis. Tu sais, ces filles qui tiennent une boutique de vêtements.

ÇA
Ça s'emploie dans la langue courante pour marquer l'insistance dans une interrogation :
- *Paul vient.*
- ○ *Qui ça ?*
- *Paul !*

B. Apporte une photo avec des amis ou des membres de ta famille et fais-en une description à un camarade ou au reste de la classe.

- *C'est qui celui qui est à droite de ce monsieur ?*
- ○ *Celui-ci ?*

MÉMENTO GRAMMATICAL

Il y avait / il faisait / c'était / il était

Ces formes à l'imparfait permettent de mieux situer une anecdote, un événement, etc. que nous racontons au passé composé.

- **Il y avait** (pour décrire le lieu, l'ambiance) :
  *Je suis entré dans le salon. **Il y avait** de la musique.*
- **Il faisait** (pour parler du temps) :
  *Je suis sorti du cinéma. **Il faisait** froid.*
- **C'était** (pour situer le moment) :
  C'était l'été.
- **Il était** (pour donner l'heure) :
  Il était minuit ; quelqu'un a sonné...

(Le 21 décembre) : *Il est 8 heures. C'est le premier jour de l'hiver. Il fait froid mais il y a du monde dans les rues.*

(Le 03 février et Paul parle du 21 décembre) : ***Il était** 8 heures. **C'était** le premier jour de l'hiver. **Il faisait** froid mais **il y avait** du monde dans les rues.*

Les adjectifs : genre et nombre

- **Le genre** (masculin / féminin)

  En général, pour former le féminin, on ajoute un **–e** à la fin de l'adjectif au masculin : *petit/petite*

  Mais il existe des particularités orthographiques :

  › Certains adjectifs en **–s** font **–sse** : *bas/basse*. Exception : *frais/fraîche*.
  › Les adjectifs en **–eux** font **–euse** : *spacieux/spacieuse*.
  › Les adjectifs en **–er** font **–ère** : *cher / chère*.
  › Les adjectifs en **–f** font **–ve** : *neuf / neuve*.
  › Les adjectifs *nouveau* et *vieux* devant un nom masculin qui commence par une voyelle ou un **h** muet, font : *un **nouvel** ordinateur, un **vieil** ami*.
  › Autres : *blanc/blanche, sec/sèche, doux/douce, roux/rousse, faux/fausse*.

- **Le nombre** (singulier / pluriel)

  En général, les adjectifs prennent un **–s** au pluriel, sauf s'ils se terminent par **–x** au masculin singulier. Dans ce cas, ils restent invariables au masculin pluriel :

  *un enfant **heureux** ; des enfants **heureux***

  ⚠ Les adjectifs masculins en **–al** font généralement **–aux** : *un problème **commercial**, des problèmes **commerciaux**.*

La place des adjectifs

- La plupart des adjectifs se placent après le nom qu'ils déterminent. C'est le cas des adjectifs qui indiquent :
  › la couleur : *la maison **blanche**, une maison **bleue***
  › la forme : *une table **ronde**, un chapeau **pointu***
  › l'état : *portes **ouvertes**, un ensemble **vide***
  › le type ou la provenance : *un téléphone **portable**, un film **américain***

- Certains adjectifs se placent généralement devant le nom :
  petit, grand, vieux, jeune, joli, beau, long.

Exemple : *un **petit** appartement, les **grands** magasins, une **vieille** dame, un **joli** cadeau, une **belle** montre.*

- D'autres peuvent se placer devant ou derrière. Leur sens ne change pas vraiment mais placé devant, l'adjectif permet de mettre en valeur la qualité du nom :

  *une histoire **merveilleuse** ou une **merveilleuse** histoire.*

Les pronoms compléments d'objet indirect

1ʳᵉ	me	nous
2ᵉ	te	vous
3ᵉ	lui	leur

- Les pronoms COI servent à remplacer un complément d'objet indirect introduit par la préposition **à**. Les formes de 1ʳᵉ et 2ᵉ personnes du singulier et du pluriel sont les mêmes que celles des compléments COD.

  *J'ai décidé d'inviter Stéphane pour mon anniversaire. Je **lui** ai envoyé un courriel pour **lui** dire de venir. (=J'ai envoyé un courriel **à Stéphane** pour dire **à Stéphane** de venir).*

- **Lui** et **leur** sont des COI qu'on utilise aussi bien pour remplacer des noms masculins que féminins :

  *J'ai invité Nicolas. Je **lui** ai dit de venir à 9 heures.*
  *Sonia n'est pas encore arrivée ? Je vais **lui** téléphoner.*
  *Si tu vois tes cousines, tu **leur** dis qu'elles sont invitées.*
  ● *Je dis à Marc et Serge de venir demain ?*
  ○ *Oui, tu peux **leur** dire.*

- Quand il y a un verbe à l'infinitif, les COI se placent devant ce verbe, comme les pronoms COD.

Les pronoms démonstratifs

- Les pronoms démonstratifs permettent de désigner un nom (objet, personne, lieu) sans le citer.

Singulier	celui	celle
Pluriel	ceux	celles

- Les pronoms démonstratifs ne sont jamais utilisés seuls. Ils peuvent être associés aux formes **–ci** et **–là** :

  ● *Regardez, j'ai un pull bleu ou un pull rouge à vous proposer. Lequel est-ce que vous voulez ?*
  ○ ***Celui-ci**.*

- On peut aussi les utiliser suivis de **à**, de **de** ou des pronoms relatifs **qui** ou **que** :

  *Le garçon à gauche, non, **celui** à droite.*
  *Ce n'est pas la mère de Luc, c'est **celle** de Marc.*
  *Ma voiture, c'est **celle qui** est à côté de la moto.*
  *Je n'aime pas beaucoup les croissants, mais **ceux que** tu achètes le dimanche sont délicieux.*

- **Ça** (forme courante de **cela**) désigne une chose ou une idée sans la nommer :

  *Je veux **ça** (= cette chose que je désigne d'un geste).*

14 La différence entre [ə], [θ], [œ] **et** [e], [ɛ]

Piste 18 **A.** En français, il existe une différence à faire entre d'une part le groupe A ([e], [ø], [œ]) et d'autre part le groupe B ([e], [ɛ]). Lis les mots du tableau, puis compare-les. Ensuite, écoute et entoure le mot que tu entends dans chaque cas.

	groupe A			groupe B	
	[ə]	[θ]	[œ]	[e]	[ɛ]
1	ce				c'est
2		jeu		j'ai	
3			peur		paire
4		peu			paix
5			heures		ères
6	te			thé	
7			horreur		horaire
8		venteux		vanter	
9	que			quai	
10			seul		sel
11	me				mais
12		ceux		ces	
13	ne			nez	
14			sœur		serre
15		deux		dé	

B. À partir des mots du tableau, essaie de trouver les orthographes possibles pour :

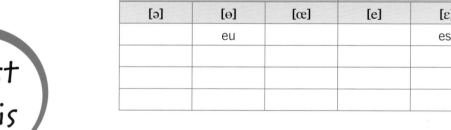

groupe A			groupe B	
[ə]	[θ]	[œ]	[e]	[ɛ]
	eu			est

Piste 19 **C.** Le son [ə] disparaît fréquemment à l'oral quand il se trouve à l'intérieur d'un mot. Écoute ces phrases et barre les **e** que tu n'entends pas. Ensuite, tu peux t'enregistrer et comparer ta prononciation à l'original. Pense à soumettre ce fichier à ton professeur qui pourra t'aider.

1. Ici, les démarches se font lentement.

2. L'agence de communication se trouve sur le Boulevard des Cerisiers.

3. Il m'a répondu froidement !

4. Il t'a expliqué le fonctionnement de cette administration ?

5. Je vais demander le renouvellement de mon permis de conduire.

6. Vous allez retirer de l'argent ?

c'est
mais

COMPRENDRE UN EXTRAIT DE RADIO (UN INTERVENANT)

> Dans cet exercice, il vous est demandé de comprendre le thème d'un court extrait de radio et l'idée principale. Ici, la personne qui parle est seule et parle sans interlocuteur. Ce n'est donc pas un dialogue. C'est une sorte d'écrit retransmis à l'oral.

Quand vous écoutez une personne parler à la radio dans votre langue maternelle, vous retenez le principal. Pour l'examen, on ne vous demande pas plus. Il n'est absolument pas nécessaire de tout comprendre. Seule une compréhension globale et quelques détails importants sont nécessaires.

• Exemple

Piste 20

Écoutez et répondez aux questions :

Transcription :

Le 1ᵉʳ octobre, la mairie de Paris vous propose une nouvelle édition de La Nuit blanche. Cette année encore, une cinquantaine de structures, musées, centres culturels, galeries et lieux alternatifs apportent leur énergie à la manifestation. Toute la nuit, vous pourrez trouver des concerts, des expositions, des animations de rue et bien d'autres événements. Toutes les installations des parcours officiels sont ouvertes de 19 heures à 7 heures du matin dans la nuit du 1ᵉʳ au 2 octobre. Et cette année, ce n'est plus seulement qu'à Paris, mais aussi à Rome, Bruxelles et Montréal. Alors, curieux de tous les pays, venez nombreux !

1. Vous venez d'entendre...

    ☐ un débat à la radio.
    ☒ un message publicitaire à la radio.
    ☐ un message sur répondeur téléphonique.

> Le format du document est celui d'une publicité. Mais vous pouvez aussi procéder par élimination : vous entendez seulement une personne parler, ce n'est donc pas un débat ; il y a rarement de la musique avant ou après un message sur répondeur, cette option est donc peu probable.

2. Le thème principal de ce document est :

> L'enregistrement parle de différents lieux de Paris où beaucoup de gens se réunissent la nuit.

☒ a

☐ b

☐ c

3. La manifestation se passe...

    ☒ de 19 heures à 5 heures du matin.
    ☐ de 17 heures à 5 heures du matin.
    ☐ de 19 heures à 7 heures du matin.

4. On peut aussi sortir dans la ville de :

    ☐ Arôme.
    ☒ Rome.
    ☐ Côme.

> ✎ Lisez bien les questions avant l'écoute. Elles vous donnent du vocabulaire et des indices sur ce que vous allez entendre.
>
> ✎ Restez calme. Ce que vous n'avez pas compris à la première écoute, la deuxième écoute vous permettra de le comprendre.
>
> ✎ Pour la première écoute, l'important est de comprendre globalement l'extrait. C'est la deuxième écoute qui permet de comprendre plus de détails.

• Exercice 1

Piste 21

Répondez aux questions en cochant (X) la bonne réponse.

1. Il s'agit...

☐ d'un message publicitaire.
☐ d'une émission de télévision.
☐ d'un flash d'information à la radio.

2. On parle d'...

☐ Alain Moreau.   ☐ Armand Moureau.   ☐ Hermine Moran.

3. Qu'est-ce que veut faire le chanteur ?

☐ Inviter 3 filles à manger.   ☐ Chanter avec 3 filles.   ☐ Faire un disque avec 3 filles.

4. Les auditions vont durer...

☐ 10 mois.   ☐ 12 mois.   ☐ 2 mois.

• Exercice 2

Piste 22

Répondez aux questions en cochant (X) la bonne réponse.

1. Vous venez d'entendre...

☐ une publicité à la radio.
☐ la présentation d'une émission de radio.
☐ un message sur répondeur.

2. Quel est le sujet de cet extrait ?

☐ a   ☐ b   ☐ c

3. Selon l'extrait, les parents ne contrôlent pas leurs enfants.

☐ Vrai.   ☐ Faux .

COMPRENDRE UN EXTRAIT DE PRESSE

> Dans cet exercice, il vous est demandé de comprendre un extrait de presse.

Quand vous écoutez une personne parler à la radio dans votre langue maternelle, vous retenez le principal. Pour l'examen, on ne vous en demande pas plus. Il n'est absolument pas nécessaire de tout comprendre. Seule une compréhension globale et quelques détails importants sont nécessaires.

● **Exemple**

Lisez le texte, puis répondez aux questions. Cochez la bonne réponse.

Des jeux virtuels grandeur nature, les jeux pervasifs ❶

Et si les jeux vidéo d'aujourd'hui n'étaient qu'une simple transition vers des jeux plus sérieux, sans être limités par la technologie ? C'est ce qui pourrait se passer si on en croit les nouvelles formes de jeux qui apparaissent sur le marché, des jeux moins chers et plus aptes à l'enseignement et à la formation. ❷

L'écho du DELF ❸

SAMEDI 6 FÉVRIER 2010

Depuis l'apparition de la Wii, on a vu se développer des jeux qui impliquent de plus en plus le corps dans des actions réelles. C'est le cas aussi avec les jeux « pervasifs ».

❹ Ces jeux, qu'on appelle aussi ubiquitaires ou géolocalisés sont comme des jeux de rôles mais qui se déroulent dans l'espace réel, notamment public, et ont recours aux technologies souvent les plus avancées. On joue à Pacman dans Manhattan par exemple.

Ces jeux permettent de mettre en contact des personnes qui ne se connaissent pas. C'est une nouvelle dimension sociale et culturelle qui voit le jour. Ces jeux ont aussi une fonction éducative. À Regenbourg (Allemagne), la municipalité a mis en place un jeu qui permet de connaître la ville en rencontrant virtuellement des personnages qui ont marqué son histoire.

❺ Ces quelques exemples ne reflètent qu'une partie des possibilités qu'offrent les jeux « pervasifs ». Encore limités, ceux-ci sont certainement appelés à se développer car on sait qu'ils permettent de mobiliser toutes les ressources de l'intelligence collective.

❶ Titre de l'article   ❷ Présentation   ❸ Nom du journal   ❹ Explication   ❺ Conclusion

1. Ce document vient…

   [X] d'un journal.
   ☐ un message publicitaire d'un livre.
   ☐ d'une brochure touristique.

� Voir le ❷, « L'écho du DELF » (vous indique qu'il s'agit d'un article de journal)

2. Les jeux ubiquitaires sont des jeux qui permettent…

   ☐ l'interaction des joueurs via Internet.
   [X] l'implication physique des joueurs.
   ☐ l'action des joueurs dans des espaces réels, souvent extérieurs.

➲ « Ces jeux, qu'on appelle aussi ubiquitaires ou géolocalisés sont comme des jeux de rôles mais qui se déroulent dans l'espace réel, notamment public »

1. Cochez la colonne **vrai** ou **faux**. Justifiez votre réponse en citant une phrase du texte.

	VRAI	FAUX
1. Les nouveaux jeux sont moins onéreux et contribuent au développement de l'individu. Justification : « les nouvelles formes de jeux qui apparaissent sur le marché, des jeux moins chers et plus aptes à l'enseignement et à la formation. »	X	
2. Il est encore difficile de rendre pleinement compatible l'activité physique avec les jeux vidéo Justification : « on a vu se développer des jeux qui impliquent de plus en plus le corps dans des actions réelles. »		X
3. Les jeux géolocalisés font non seulement appellent au corps, ils sortent également du simple espace privé. Justification : « Ces jeux, qu'on appelle aussi ubiquitaires ou géolocalisés sont comme des jeux de rôles mais qui se déroulent dans l'espace réel, notamment public »	X	
4. Le cas de la ville allemande citée dans l'article montre qu'on peut rendre compatible tourisme, connaissances et interactivité virtuelle. Justification : « À Regenbourg (Allemagne), la municipalité a mis en place un jeu qui permet de connaître la ville en rencontrant virtuellement des personnages qui ont marqué son histoire. »	X	
5. L'auteur de l'article signale aussi que ces jeux ne remplaceront jamais les vrais jeux vidéos. Justification : « ceux-ci sont certainement appelés à se développer car on sait qu'ils permettent de mobiliser toutes les ressources de l'intelligence collective. »		X

- Le texte est simple et clair. Les paragraphes correspondent à des idées différentes. Par exemple, le premier sert à présenter le thème et le dernier, à conclure.

- Regardez la présentation du texte. C'est un indice précieux pour en connaître son origine.

- Lisez le texte une première fois pour savoir de quoi il s'agit, puis lisez les questions. Relisez le texte pour trouver les réponses à ces questions.

- N'inventez pas les réponses. Elles sont dans le document. Si vous ne trouvez pas, relisez.

- Les questions jouent souvent sur un synonyme ou une expression similaire.

• **Exercice I**

Lisez ce document et répondez aux questions.

CATHY-M triomphe sur la scène parisienne avec « En avant la musique », une pièce originale qu'un public enthousiaste acclame chaque soir. Mais nous avons voulu faire découvrir à nos lectrices qui se cache derrière la femme de spectacle. Passionnée et parfois redoutable devant les spectateurs, elle dissimule son côté timide et discret. Pour la première fois, Cathy-M nous parle à cœur ouvert de ce qui la fait souffrir et vibrer.

Q : Qu'est-ce que le succès a apporté à votre vie ?
C-M : Oh ! Beaucoup de complications. C'est pas facile de savoir si les personnes qu'on rencontre sont vraiment là pour vous ou pour la femme publique. Et j'ai été parfois surprise et déçue par certains de mes nouveaux « amis ». Maintenant, je suis beaucoup moins confiante qu'avant.(...)
Q : Votre secret pour rester zen devant tous ces projets qui se présentent ?
C-M : Vivre pour mes proches. Ce sont eux qui comptent vraiment. Et aussi, je ne me laisse pas impressionner par ces événements. Je garde la tête froide et je ne pense pas trop au lendemain.

1. Ce document vient...

☐ d'un journal.   ☐ d'un magazine féminin.   ☐ d'une revue masculine.

2. Cathy-M est...

☐ actrice de cinéma.   ☐ actrice de télévision.   ☐ comédienne de théâtre.

3. Les amis qu'elle rencontre ne sont pas toujours intéressés par sa vraie personnalité.

☐ Vrai   ☐ Faux

Justifiez votre réponse : ....

4. Elle compte sur sa famille pour rester calme devant le succès.

☐ Vrai   ☐ Faux

Justifiez votre réponse : ....

● **Exercice 2**

Lisez le texte, puis répondez aux questions.

LA GRÈCE AUTREMENT
DÉCOUVREZ LE 20ÈME HÔTEL-CLUB ELPARAISO DANS LE PÉLOPONNÈSE.

Jet Tours ouvre son vingtième hôtel-club, l'un des plus beaux et des plus spacieux, dans le Péloponnèse, une région grecque moins connue que les îles. Située dans la Grèce continentale et bordée par la mer Ionienne, elle reste préservée de l'invasion des touristes.

Idéal pour partir en famille, l'Elparaiso est composé de 193 chambres (cliquez pour voir la photo) réparties en petites unités d'un étage. Toute la journée, des activités sont à la disposition de tous les clients et tout spécialement des enfants, pendant que leurs parents peuvent profiter d'une immense plage qui a reçu le drapeau européen de propreté pour la qualité de ses eaux.

L'Elparaiso propose également des prix spéciaux pour les groupes d'amis ou familles de plus de 10 personnes et met à leur disposition le pavillon groupe où ils pourront profiter en toute indépendance de leur séjour au soleil.

Pour plus de renseignements, cliquez sur notre site www.elparaiso20.fr
Pour remplir un bulletin d'inscription, cliquez ici.

1. Ce document est...

☐ une publicité sur Internet.   ☐ un texte d'encyclopédie sur Internet.

2. Elparaiso, c'est...

☐ une agence de voyage.   ☐ un club de sport.   ☐ un centre hôtelier.

3. C'est **vrai** ou **faux** ? Justifiez votre réponse en citant une phrase du texte.

	VRAI	FAUX
1. Il existe 19 autres Elparaiso dans le monde. Justification :		
2. Le Péloponnèse est l'une des régions les plus connues de Grèce. Justification :		
3. Les activités offertes par Elparaiso sont conçues seulement pour les enfants. Justification :		
4. La plage est très grande et très propre. Justification :		
5. On peut avoir un prix réduit en partant en couple. Justification :		

ÉCRIRE UNE LETTRE OU UN COURRIEL

> Dans cet exercice, vous devez écrire une lettre pour inviter, demander, remercier, vous excuser, informer, féliciter, etc. souvent, comme réponse à une autre lettre.

Dans la vie courante, quand quelqu'un vous fait une proposition, si vous acceptez, vous essayez de connaître plus de détails. Mais, si vous refusez, vous vous justifiez pour que l'autre personne comprenne bien votre choix.
Dans cet exercice, vous devez faire la même chose. Par exemple, si quelqu'un vous a écrit une lettre pour vous inviter, vous devez y répondre pour dire si vous acceptez ou pas.

• Exemple

Vous avez reçu cette lettre. Vous répondez à Hyppolite. Vous le remerciez, mais vous refusez l'invitation. Expliquez pourquoi (60 à 80 mots).

> Salut,
>
> Impossible de t'écrire avant. J'avais beaucoup de contrôles. Maintenant ils sont finis et ils se sont bien passés : ❶ j'ai eu de bonnes notes partout sauf en maths ! Ça ira mieux le trimestre prochain.
> Comme c'est les vacances (en plus, il neige, super !!), j'ai plus de temps et on pourra chater un peu plus tard. ☺
> J'avais une question : qu'est-ce que tu fais pendant les vacances d'été ? J'avais pensé t'inviter à la maison. Mes parents sont d'accord et comme ça tu pourras parler français tout le temps.
>
> J'attends ta réponse. ❷ Si tu veux, on peut en parler sur le chat demain soir après manger, vers 8 heures. Dans la journée, je vais aller faire du ski. ❸
>
> À +
>
> Lionel

❶ Vous pouvez féliciter la personne qui vous a écrit.

❷ Vous pouvez répondre à cette partie.

❸ Vous pouvez vous informer à propos de cette journée.

Proposition de correction :

> Salut Lionel,
>
> Merci pour ton invitation. Je vais parler avec mes parents. Je ne sais pas s'ils vont vouloir. S'ils sont d'accord, ce sera super !
> Bravo pour tes bonnes notes ! Je suis très content pour toi. Moi, je n'ai pas encore eu mes résultats.
> Tu vas skier ? Tu me raconteras. Demain, désolé mais impossible de chatter. Tu peux après-demain ?
>
> À bientôt
>
> xxxx

(66 mots)

🖎 Le texte est simple et clair. Les paragraphes correspondent à des idées différentes. Par exemple, le premier sert à présenter le thème et le dernier, à conclure.

🖎 Regardez la présentation du texte. C'est un indice précieux pour en connaître son origine.

🖎 Lisez le texte une première fois pour savoir de quoi il s'agit, puis lisez les questions. Relisez le texte pour trouver les réponses à ces questions.

🖎 N'inventez pas les réponses. Elles sont dans le document. Si vous ne trouvez pas, relisez.

🖎 Les questions jouent souvent sur un synonyme ou une expression similaire.

• Exercice 1

Vous avez reçu ce courriel d'Océane et vous lui répondez. Vous la remerciez, mais vous ne pouvez pas accepter son invitation. Vous expliquez pourquoi et vous lui proposez autre chose (60 à 80 mots).

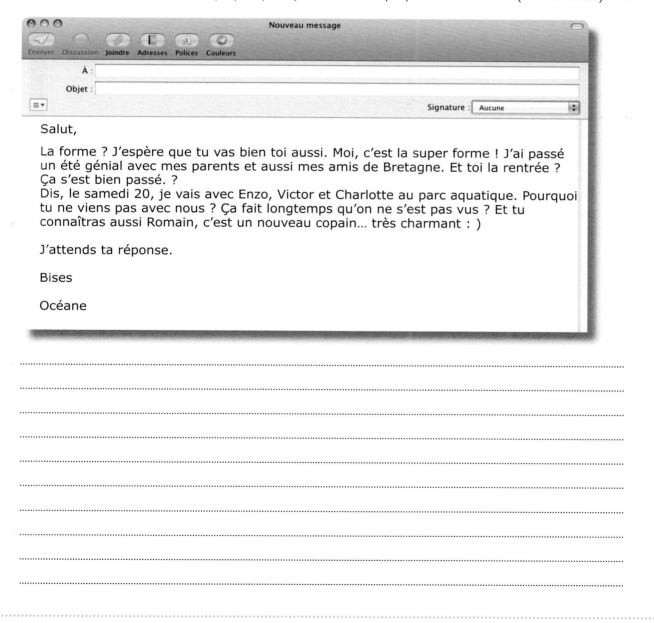

Salut,

La forme ? J'espère que tu vas bien toi aussi. Moi, c'est la super forme ! J'ai passé un été génial avec mes parents et aussi mes amis de Bretagne. Et toi la rentrée ? Ça s'est bien passé. ?
Dis, le samedi 20, je vais avec Enzo, Victor et Charlotte au parc aquatique. Pourquoi tu ne viens pas avec nous ? Ça fait longtemps qu'on ne s'est pas vus ? Et tu connaîtras aussi Romain, c'est un nouveau copain… très charmant :)

J'attends ta réponse.

Bises

Océane

L'ENTRETIEN DIRIGÉ

> Dans cet exercice, vous devez vous présenter et parler de votre environnement proche. Cette première partie de l'examen dure environ 1 minute 30.

Quand vous rencontrez quelqu'un pour la première fois, qu'est-ce qui vous intéresse ? Connaître son prénom et avoir quelques informations sur sa vie (ce qu'il/elle fait, où il/elle vit, mais aussi ce qu'il/elle aime pour découvrir vos points communs). Il vous est demandé la même chose pour l'examen.

• Exemple

Écoutez et lisez la transcription de l'entretien dirigé :

Piste 23

Transcription :

- *Bonjour.*
- *Bonjour. Vous pouvez vous asseoir.*
- *Merci.*
- *Comment vous vous appelez ?*
- *Claudia Nero.*
- *Et vous êtes lycéenne?*
- *Oui. Je suis en troisième.*
- *Et comment ça ce passe au collège ?*
- *Bien je viens d'avoir mes notes et je passe en seconde.*
- *Et quelle est votre matière préférée ?*
- *J'aime beaucoup le français mais ma matière préférée c'est les maths et les sciences naturelles.*
- *Et vous savez ce que vous aimeriez faire plus tard ?*
- *Pas encore mais j'aimerais bien travailler dans un laboratoire.*
- *Et vous avez déjà voyagé en France.*
- *Oui, une fois avec mes parents et mon frère. Nous sommes allés à Paris.*
- *Et vous avez aimé ?*
- *Beaucoup, mais tout était très cher.*
- *Très bien. Merci beaucoup, mademoiselle. Au revoir.*
- *Au revoir, monsieur.*

- C'est le premier type d'épreuve orale que vous passerez. N'oubliez pas de saluer votre examinateur.
- Vous devez seulement parler de vous et de ce qui vous entoure. C'est très facile de s'y préparer.
- Si vous aimez beaucoup un thème, n'hésitez pas à en parler beaucoup. Mais attention, si vous ne vous sentez pas capable de parler longtemps, arrêtez-vous avant de faire beaucoup d'erreurs.
- Soyez poli/e, souriant/e et détendu/e.
- Si vous ne comprenez pas une question de l'examinateur, demandez-lui poliment de répéter. Mais ne demandez pas trop souvent, cela pourrait influer négativement son appréciation.

• Exercice I

Utilisez les thèmes ci-dessous pour poser des questions, puis essayez de répondre aux questions que vous avez inventées. Vous pouvez vous entraîner avec un/e camarade. L'un joue le rôle de l'examinateur et l'autre, du candidat. Ensuite, inversez les rôles.

Domicile ?

Famille ?

Études / amis ?

Activités de loisir habituelles ?

Activités sportives ?

Habitudes alimentaires ?

Mes problèmes

4

Dans cette unité, nous allons parler de nos problèmes et de comment les résoudre

Tout pour...
- décrire des objets et leur fonctionnement
- parler d'un service
- décrire le corps et parler de la santé
- se plaindre ou se réjouir
- parler d'un problème
- donner des conseils

Tout pour bien utiliser...
- la négation avec **plus**, **jamais**, **rien**, **aucun**, **pas du tout** et **personne**
- le passé composé (la négation)
- les pronoms à l'impératif
- le conditionnel

Entraînement au DELF scolaire et junior A2
- la conversation entre locuteurs natifs (CO)
- les titres de presse (CE)
- la lettre et le courriel (PE)
- l'évaluation du monologue suivi (PO)

PLURIEL DES MOTS EN -OU
Les mots terminés en **-ou** prennent un **s** sauf : *bijou, caillou, chou, genou, hibou, joujou* et *pou* qui prennent un **x**.
*Ils ont sauté comme des **fous** et maintenant ils ont mal aux **genoux**.*

AVOIR MAL À...
Quand on a une douleur, on utilise : avoir mal **à** + ARTICLE + NOM
J'ai mal à la tête.
J'ai mal au cou.
J'ai mal à l'estomac.
J'ai mal aux dents.

1 À la découverte du corps

A. Observe ces deux jeunes filles qui font du yoga et indique à quelle partie du corps correspond chaque lettre.

B. Complète les phrases avec les mots proposés.

> le ventre   la gorge   la jambe   la langue   la peau
> le cœur   le dos   le sang   les dents   les yeux

- On dit que les princesses ont .... bleu.
- Si je mange trop, j'ai mal ....
- Quand on court beaucoup en sport, ... se met à battre très vite !
- Quand j'ai une angine, j'ai mal ....
- Le professionnel qui soigne .... est un dentiste.
- Il faut faire attention de ne pas manger les aliments trop chaud, sinon on se peut se brûler ....
- On doit toujours éviter les contacts des produits dangereux avec ....
- Beaucoup se cassent .... quand ils font du ski.
- .... est fragile : évitez de porter des objets trop lourds qui font mal à la colonne vertébrale.

2 Être en forme

A. Réponds aux questions de ce petit test sur la santé pour savoir si tu mènes une vie saine.

Canapé-chips ou Basket-céréales ?

Je fais du sport ou de l'exercice...
- ☐ **a.** Tous les jours.
- ☐ **b.** Au moins une fois par semaine.
- ☐ **c.** De temps en temps ou (presque) jamais.

Le matin, je prends...
- ☐ **a.** Un petit-déjeuner à base de céréales et de jus de fruit.
- ☐ **b.** Un bol de chocolat et des tartines de pain beurrées.
- ☐ **c.** Je n'ai pas le temps de prendre de petit-déjeuner.

Normalement, je mange...
- ☐ **a.** Un peu de tout, de façon équilibrée.
- ☐ **b.** Un peu de tout, mais surtout de la viande.
- ☐ **c.** Surtout des hamburgers et des sandwichs ou des sucreries.

Je bois...
- ☐ **a.** Environ 2 litres d'eau par jour.
- ☐ **b.** Peu d'eau et des jus de fruit.
- ☐ **c.** Surtout des sodas.

Pour moi, les cours d'EPS (Éducation physique et sportive) sont...
- ☐ **a.** une bonne occasion de faire du sport en semaine.
- ☐ **b.** une matière comme une autre, sans plus.
- ☐ **c.** une véritable corvée.

Si vous avez un maximum de :

a Félicitations ! Vous menez une vie très saine et vous savez vous maintenir en forme !
b Vous avez tendance à oublier vos bonnes habitudes. Respectez les règles d'une bonne hygiène de vie.
c Attention ! Vos habitudes sont mauvaises et vous pourriez avoir des problèmes de santé ! Faites du sport et mangez plus équilibré !

B. À deux, comparez vos résultats et vos habitudes.

● *Tu fais souvent du sport, toi ?*

○ *Tous les mercredis après-midi et le samedi matin. Et toi ?*

C. Écris un petit texte pour résumer tes résultats.

En semaine, je ne fais pas beaucoup de sport mais...

3 Le lexique des conseils et des recommandations

A. Ces personnes ont toutes un problème. Retrouvez dans ce forum les conseils qu'on leur a donnés.

> Tu devrais   Je te conseille   Je te recommande   À ta place   Il est essentiel

1. Chaque fois que j'ai un examen, j'ai mal au ventre.
2. Je m'endors souvent en classe et bien sûr le prof n'aime pas ça.
3. Dans ma classe, il y a une fille qui est très sympa et j'aimerais bien qu'on sorte ensemble mais je suis timide.
4. Dans ma classe, il y a un garçon trop beau mais je crois que c'est avec ma meilleure copine qu'il veut être.
5. Je trouve que la prof d'histoire que j'ai n'est pas juste avec moi. J'ai souvent envie de m'énerver et de lui dire qu'elle est vraiment injuste.

▶ .... être moins jalouse et si tu penses que tu as ta chance, essaie mais fais attention de ne pas perdre ta meilleure copine.

▶ ...., je commencerais par devenir son ami et comme ça vous apprendrez à vous connaître.

▶ Normal. .... de te coucher plus tôt le soir et comme ça tu n'auras pas ces problèmes.

▶ .... de prendre un bon petit-déjeuner le jour du contrôle et surtout pensez à autre chose.

▶ Tu as peut-être raison mais ...., de ne jamais perdre le respect. Si tu veux parler avec ta prof, fais-le mais calmement.

B. Complète ces conseils à l'aide des expressions de conseils vues dans **A.**

▶ Pour être un bon élève, ...

▶ Si tu te sens fatigué(e), ...

▶ Pour bien apprendre une langue étrangère, ...

▶ Si on veut rapidement se faire des amis dans une nouvelle classe, ...

▶ Tu veux obtenir de meilleures notes aux examens, ...

4 Décrire un objet

A. Pour fêter son 10ᵉ anniversaire, le magasin Le Monde des Jeux propose une console de jeux. Si tu veux participer au tirage au sort, remplis le bulletin de participation et réponds aux questions suivantes.

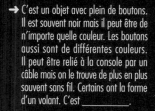

Le Monde des Jeux
RÉPONDS ET GAGNE UNE SUPER CONSOLE XXL

→ C'est un objet avec plein de boutons. Il est souvent noir mais il peut être de n'importe quelle couleur. Les boutons aussi sont de différentes couleurs. Il peut être relié à la console par un câble mais on le trouve de plus en plus souvent sans fil. Certains ont la forme d'un volant. C'est _____.

→ C'est un objet rectangulaire (en général), plat et même très plat. Il est en plastique. Tous les modèles sont aujourd'hui équipés d'un écran, plus ou moins grand. À l'origine, il servait surtout pour écouter de la musique mais on peut aussi regarder des films. On le trouve au rayon Son et Image. C'est _____.

→ C'est un appareil qui occupe de moins en moins de place. On peut le mettre dans le cartable et de plus en plus de collèges l'utilisent. Il possède un écran rabattable et un clavier. Certains disent qu'il va remplacer les livres dans les salles de classe. C'est un _____.

→ C'est un objet qui permet de communiquer entre les personnes quand elles ne sont pas dans un même espace. Avant, il était fixe, lourd et gros. Maintenant, presque tout le monde en a un dans sa poche. Il est très léger. Il sert à parler ou à envoyer des messages. Les modèles les plus récents permettent aussi d'écouter de la musique, de regarder des films et surtout de naviguer sur Internet. C'est _____.

B. À ton tour, pense à un objet puis écris une définition. Lis à haute voix ta définition et fais deviner l'objet en question au reste de la classe.

C'est un objet qui...

---

5 Comment ça marche ?

A. Lis le mode d'emploi pour connecter ton ordinateur à Internet et remets les étapes dans l'ordre.

▶ Cliquez deux fois sur l'icône. .... ☐
▶ Appuyez sur le bouton «Marche/arrêt » pour allumer l'ordinateur. .... ☐
▶ Prenez la souris et déplacez le curseur sur le bureau. .... ☐
▶ Vous pouvez commencer à surfer sur vos sites Internet favoris. .... ☐
▶ Placez la souris sur l'icône «Accès à Internet». .... ☐
▶ Cliquez sur « Accepter ». .... ☐
▶ Vérifiez que vous avez accès à un réseau. .... ☐
▶ Un message vous demandant si vous acceptez de vous connecter s'affiche. ..... ☐

B. Complète le texte avec les mots suivants. N'oublie pas de conjuguer les verbes si nécessaire.

> écran   sélectionner   introduire   menu   vérifier   touche (2 fois)
> brancher   appuyer (3 fois)   télécommande   message   câble

«.... l'appareil à une prise de 220 V et reliez le .... de connexion à votre téléviseur. .... sur le bouton « Marche/arrêt » et .... que la lumière s'allume. Quand vous lisez le .... « No CD » sur l'écran de contrôle, ... sur la .... « Open » et .... le DVD. Quelques instants plus tard, vous verrez s'afficher un .... sur l' ....de votre téléviseur. Prenez la .... et .... « Film ». .... sur la .... « Enter » et votre film commencera. »

C. Donne les instructions nécessaires pour utiliser la radio XM 2000.

1. D'abord, vous devez...
2. Ensuite il faut...
3. Puis...
4. Ensuite...
5. Finalement, pour une écoute optimale...

6 Où s'adresser en cas de problème ?

Complète les phrases avec les mots suivants.

> bureau des objets trouvés   bureau Info-Jeunesse   Médecins de nuit
> police   pompiers   Fil Santé Jeune   service après-vente

1. Si tu as un ami qui a des problèmes avec la cigarette, tu peux lui dire de contacter ....

2. .... peut t'aider à trouver un petit boulot d'été.

3. Si tu te sens très mal pendant la nuit, tu peux appeler .... ou ....

4. .... est un point de la mairie où on peut trouver un porte-feuille ou un parapluie qu'on a perdu.

5. Si tu es victime ou témoin d'une action violente ou illégale, tu peux prévenir ....

6. Régulièrement, on réalise des fausses alertes d'incendie dans l'école en présence .... pour s'assurer que tout marche bien.

7. Si un appareil tombe en panne et qu'il est encore sous garantie, tu peux appeler .... du magasin qui te l'a vendu.

LEXIQUE

7 Les services

Que fais-tu dans les situations suivantes ? Utilise les expressions ci-dessous et dis à quel service tu t'adresses.

> changer un article   demander de la monnaie
> modifier une date   protester   confirmer   réclamer

Tu as acheté un pantalon sans l'essayer. Quand tu arrives à la maison, tu t'aperçois qu'il est trop grand.
Je vais au magasin et je demande de changer le pantalon.

1. Tu veux acheter un billet de métro mais tu n'as qu'un billet que la machine n'accepte pas.
2. Ton prof te rend un contrôle et il s'est trompé en comptant les points.
3. Tu voulais organiser une fête d'anniversaire et au dernier moment, tes parents te demandent de la reporter au mois suivant.
4. L'ensemble de la classe est puni pour une faute que tu n'as pas commise.
5. Une super amie t'invite à une fête et elle te demande de lui donner une réponse rapidement.

Que fais-tu...

8 Se plaindre ou exprimer sa satisfaction

A. « Jean qui pleure » se plaint toujours et parle de ses problèmes. « Jean qui rit » est toujours content. Qui dit quoi ?

Ça ne va pas, j'ai trop de devoirs ! J'en ai assez !!
À l'école, c'est trop cool !! J'ai plein d'amis !
C'est génial, j'adore les frites !!
Cette manière de nous traiter en classe, c'est vraiment injuste !!!
Je vais me plaindre !! Ça ne se passera pas comme ça !!!
Partir au ski !!! Oh c'est trop top, Maman !! Je suis super content !!!
Elle m'a quitté pour aller avec mon meilleur copain. C'est lamentable !!!
Ah, non pas ça, Monsieur, j'ai horreur de lire ces histoires !! Je trouve ça nul !!
Sympa l'invitation. J'adore ce genre de fête !

B. Que dis-tu dans ce genre de situations ? Écris tes réactions.

▸ On t'offre un cadeau que tu n'aimes pas du tout.
▸ Ton professeur se fâche après toi parce que tu n'écoutes pas assez en classe.
▸ Ton/ta meilleur(e) ami(e) t'invite à l'accompagner au cinéma mais tu n'as vraiment pas envie d'y aller.
▸ Tu as manqué le bus et tu arrives en retard au collège.
▸ Tu devais apporter la musique à une fête d'anniversaire d'un super ami à toi et quand tu arrives chez lui, tu t'aperçois que tu as oublié de l'apporter.
▸ Ton/ta meilleur(e) ami(e) t'invite à passer le week-end dans un endroit que tu connais et que tu n'aimes pas.

C. À deux, demandez-vous mutuellement quelles seraient vos réactions dans chacune de ces situations.

• *Tu dis quoi si...*

GRAMMAIRE

9 Le pronom en et les pronoms COD

A. Dans les phrases ci-dessous, indique d'une croix ce que chaque pronom remplace.

1. On m'**en** donne un si j'ai mal à la tête.
   ☐ le cachet d'aspirine   ☐ un cachet d'aspirine

2. Si tu tombes malade, tu vas **le** voir.
   ☐ le médecin   ☐ un médecin

3. Tu ne dois surtout pas trop **en** manger.
   ☐ les graisses   ☐ de graisses

4. J'**en** ai pris pendant les fêtes parce que j'ai trop mangé.
   ☐ les kilos   ☐ des kilos

5. Tu dois **la** contrôler au moins une fois par an.
   ☐ la vue   ☐ une vue

6. Pour se maintenir en forme, il faut **en** faire régulièrement.
   ☐ les activités physiques   ☐ des activités physiques

B. Complète avec les pronoms qui conviennent :

• Allô Bob ? J'ai un problème pour télécharger des photos. Et je voudrais .... télécharger quelques unes pour les passer ensuite sur ma clé. Tu peux m'aider, s'il te plaît ?
○ Bien sûr. Tout d'abord, tu as bien ouvert le site où se trouvent ces photos ?
• Oui, je viens de .... ouvrir.
○ Et tu vois sur ce site ton dossier qui contient les photos ?
• Comme ça, je ne .... vois pas. En fait, des dossiers... il y .... a beaucoup !!!
○ Cherche bien et essaie de te rappeler le nom de ce dossier !
• Ah voilà, c'est bon ! Je .... ai trouvé ! Et maintenant ?
○ Parfait. Eh bien, c'est tout simple ! Tu vas avec ta souris dessus, tu .... saisis et tu .... glisses jusqu'à ton écran de bureau.

• Et après, je peux .... ouvrir ?
○ Oui, si tu veux. Mais si tu veux .... copier sur une clé USB...
• Oui, mais pas toutes. Je veux seulement .... copier quelques unes.
○ Pas de problème. Simplement, il faut que tu ouvres ce dossier et que tu sélectionnes les photos que tu veux copier sur ta clé. C'est clair ?
• Alors, je sélectionne les photos... Voilà, c'est bon, je .... ai sélectionnées.
○ Eh bien, maintenant tu ouvres ta clé et tu .... glisses dans le dossier que tu veux ou tu .... crées un spécial pour ces photos.
• Et comment on fait pour créer un dossier ? 😠 😠 😠 😠 😠

10 Les négations

Complétez les phrases suivantes avec une forme négative comme dans le modèle.

a. Il a mal à la tête mais (**ne... pas**) *il n'a pas d'aspirine.*

b. Je voudrais pouvoir chatter en français mais (**ne... personne**) ....

c. J'ai faim mais (**ne... rien**) ....

d. Mes parents et moi, on voulait aller voir un spectacle mais (**ne... plus**) ....

e. Mon cousin est végétarien : il mange tout le temps des légumes mais (**ne... jamais**)
....

f. Notre voisin a beaucoup de livres en anglais dans sa bibliothèque mais (**ne... aucun**)
....

g. Ma prof de français nous a demandé d'acheter un livre mais (**ne... pas**)
....

h. On a voulu faire des crêpes à la maison mais (**ne... plus**) ....

11 Le passé composé et la forme négative

A. Fais ce petit test sur tes vacances mais avant complète les espaces vides par des formes négatives : oublier, rencontrer, se baigner, avoir, aller, avoir, accepter, voir.

VACANCES

1. Cette année, on t'a donné la possibilité de partir en vacances en famille ou en colonies. Qu'est-ce que tu as fait ?
a) J'ai choisi la famille.
b) _____ le choix : j'ai toujours dû partir en famille !
c) _____ en colonies mais j'ai toute de suite répondu : les colonies !

2. Au cours d'une promenade avec des amis, vous arrivez sur une plage. Ce n'était pas prévu...
a) Pas de problème, j'ai toujours un maillot de bain sur moi !
b) Je rage car _____ de maillot de bain dans mon sac.
c) Ça m'est égal parce que _____.

3. Ton/Ta meilleur(e) ami(e) t'a invité(e) à passer quelques jours avec lui/elle et ses parents dans une maison en bord de mer. As-tu accepté ?
a) Bien sûr que j'ai accepté.
b) Non, _____.
c) _____ parce que je dois d'abord en parler à _____ parents.

4. Tu es allé(e) en vacances dans un endroit où tu ne connaissais personne. Est-ce que tu as fini par te faire plein d'amis ?
a) Oui, _____ le temps de m'ennuyer : tous les jours, je rencontrais de nouvelles personnes.
b) Il y avait beaucoup de monde, mais _____
c) Je voulais connaître des gens mais _____ de mon âge !

B. À deux, essayez d'imaginer d'autres situations pour compléter ce questionnaire sur le même modèle.

Tes parents ont prévu une visite des musées de la ville où vous passez les vacances en famille. Qu'est-ce tu fais ?
a) Tu les accompagnes. Quelle question !
...
• Moi, eh bien, cette année, mes parents ne m'ont pas laissé choisir.
○ Ah, moi si. C'est pour ça que je ne suis pas allée avec eux.

12 L'impératif et les pronoms COD/COI et réfléchis

Deux bonnes copines se disputent et se reprochent de ne pas tout se dire. Réécris ce dialogue en remplaçant toutes les formes en gras par les formes à l'impératif qui conviennent.

Et toi... Appelle-moi aussi quand tu ...

LE LANGAGE DES TEXTOS
• *G D pbs* = j'ai des problèmes
• *Tu v1 ? Wi* = Tu viens ? Oui.
• *C ou ?* = C'est où ?
• *10 moi 6 tu v1 2main, Ok ?* = Dis-moi si tu viens demain, ok ?
• *A +* = À plus
Les SMS ou textos sont très pratiques. Le langage texto est de plus en plus utilisé, non seulement pour envoyer un message avec son portable (ou mobile), mais aussi dans les courriels ou dans la publicité.

MARION : Tu ne m'appelles jamais quand tu sors avec tes amis. Tu ne leur parles jamais de moi !
ANAÏS : C'est pas vrai ! Et toi... Tu **dois m'appeler** aussi quand tu sors avec Jérôme et François !
M. : Pour ça, **tu dois prendre** le téléphone quand il sonne, ma grande ! Si tu le prends, tu sauras ce que je fais.
A : D'accord, **tu peux m'appeler** quand tu veux ! Le problème, c'est que maintenant, tu ne le fais plus !
M. : Mais **tu dois me dire** la vérité... Est-ce que tu veux vraiment qu'on sorte tous ensemble ? Tu es jalouse ? Eh bien, **tu ne devrais pas être** jalouse !!
A. : Ah ça c'est fort ! Moi jalouse ?! **Tu dois m'écouter** une bonne fois pour toute !! Je ne suis pas JALOUSE !!! Tes copains ? Eh bien, **tu peux les garder** pour toi !!!! Et **tu devrais leur dire** qu'ils sont vraiment bêtes !!!
M. : Eh mais **tu devrais te calmer** ! Tu ne **devrais pas t'énerver** ! Ça ne sert à rien !!!
A. : Je ne m'énerve pas !!!

13 Est-ce que tu pourrais... ?

A. Complète ce courriel à l'aide des verbes suivants au mode conditionnel.

pouvoir accepter aimer avoir déranger laisser pouvoir rester vouloir

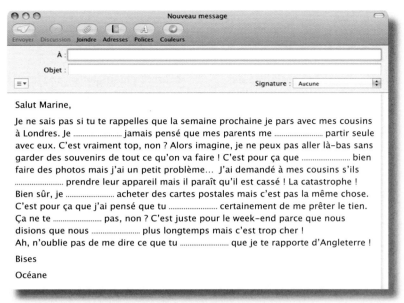

Salut Marine,

Je ne sais pas si tu te rappelles que la semaine prochaine je pars avec mes cousins à Londres. Je .... jamais pensé que mes parents me .... partir seule avec eux. C'est vraiment top, non ? Alors imagine, je ne peux pas aller là-bas sans garder des souvenirs de tout ce qu'on va faire ! C'est pour ça que .... bien faire des photos mais j'ai un petit problème... J'ai demandé à mes cousins s'ils .... prendre leur appareil mais il paraît qu'il est cassé ! La catastrophe !
Bien sûr, je .... acheter des cartes postales mais c'est pas la même chose.
C'est pour ça que j'ai pensé que tu .... certainement de me prêter le tien.
Ça ne te .... pas, non ? C'est juste pour le week-end parce que nous disions que nous .... plus longtemps mais c'est trop cher !
Ah, n'oublie pas de me dire ce que tu .... que je te rapporte d'Angleterre !

Bises

Océane

B. Marine est désolée mais elle a aussi besoin de son appareil photos. Elle propose donc une solution à Océane. Imagine le courriel de Marine à Océane.

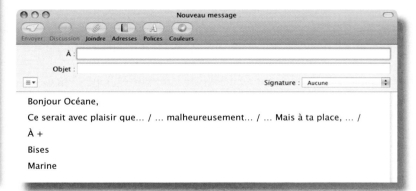

Bonjour Océane,

Ce serait avec plaisir que... / ... malheureusement... / ... Mais à ta place, ... /
À +
Bises
Marine

14 Les lecteurs vous conseillent

A. Un webzine pour adolescents propose chaque mois aux collégiens/lycéens de répondre aux questions posées par d'autres lecteurs. Réponds à cette lettre d'un lecteur à l'aide des formes pour donner des conseils : **L'idéal, c'est de / Il faut / Essaie / À ta place +** CONDITIONNEL, etc.

LES LECTEURS RÉPONDENT AUX LECTEURS

Salut !
Je suis super amoureux d'une fille de ma classe mais j'ai l'impression qu'elle ne me regarde pas, que je n'existe pas pour elle. Je lui envoie des petits textos et je suis toujours prêt à l'aider mais elle ne fait pas attention à moi ! Qu'est-ce que je peux faire ?
Yann

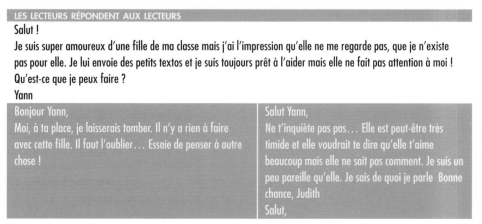

Bonjour Yann,	Salut Yann,
Moi, à ta place, je laisserais tomber. Il n'y a rien à faire avec cette fille. Il faut l'oublier... Essaie de penser à autre chose !	Ne t'inquiète pas pas... Elle est peut-être très timide et elle voudrait te dire qu'elle t'aime beaucoup mais elle ne sait pas comment. Je suis un peu pareille qu'elle. Je sais de quoi je parle Bonne chance, Judith
	Salut,

B. Expose un de tes problèmes et demande à un(e) camarade de te conseiller.

Le pronom en

Le pronom **en** s'utilise pour remplacer :

- Les COD introduits par **de, du, de l', de la** + NOM.
  - *Il boit **de l'eau** ?*   ○ *Oui, il **en** boit.*
  - *Je n'ai pas **de chance** !*   ○ *C'est vrai, tu n'**en** as pas !*
- Des COD introduits par un chiffre (**un, deux, trois**, etc.)
  - *Tu as **une voiture** ?*   ○ *Oui, j'**en** ai une.*
  - *Il a **deux** frères ?*   ○ *Non, il **en** a trois.*
- **De/d'** + NOM dans les expressions de quantité :**assez de, peu de, beaucoup de, trop de, un kilo de, un litre de.**
  - *Il a **beaucoup de** livres de français ?*
    ○ *Oui, il en a beaucoup.*

Les formes négatives

Ne... pas n'est pas la seule forme négative. Il en existe d'autres qui permettent de préciser la négation.

- **Ne... jamais** est la négation absolue qui répond à la question **quand** ?
  *Pierre est toujours content, mais son frère n'est **jamais** content.*
- **Ne... plus** indique qu'une chose ou une action a cessé :
  *Mon lecteur DVD a très bien marché jusqu'à ce matin. Maintenant il **ne** marche **plus**.*
- **Ne... rien** est la négation absolue aux questions **est-ce que ? quoi ?**
  *Il n'y a **rien** sur la table.*
- **Ne... personne** est la négation absolue à la question **qui ?**
  *Il n'y a **personne** dans la salle.*
- **Ne... aucun/e** permet d'insister sur l'absence d'un nom comptable :
  *C'est incroyable, il connaît beaucoup de monde mais il n'a **aucun** ami.*
- **Aucun** s'accorde avec le nom : **aucun** livre et **aucune** librairie.

Le passé composé et les formes négatives

Le deuxième élément de la négation est placé entre l'auxiliaire AVOIR ou ÊTRE et le PARTICIPE :
  *Il n'est **pas** venu.*
  *Il n'a **jamais** fait d'allemand.*
  *Elle n'a **rien** dit.*
  *Il n'a **plus** d'argent.*

⚠ Attention : **aucun, personne** et **que** ne s'intercalent pas !
*Je n'ai vu **personne** dans cette pièce.*
*Je n'ai eu **aucun** problème de virus avec mon ordinateur.*
*Je n'ai fait **que** trois ans d'italien.*

L'impératif et les pronoms compléments

À l'impératif, les pronoms compléments sont placés après le verbe.
  ***Laisse-moi** passer !*
  ***Donne-lui** ta clé !*
  ***Prenez-les** avec de l'eau !*
  ***Mangez-en** deux fois par jour !*

⚠ À la forme négative, les pronoms retrouvent leur place habituelle.
*Ne **me** laisse pas passer !*
*Ne **lui** donne pas ta clé !*
*Ne **les** prenez pas avec de l'eau !*
*N'**en** mangez pas !*

Le conditionnel

- Le conditionnel se forme avec l'INFINITIF d'un verbe et on ajoute les terminaisons : **-ais, -ais, -ait, -ions, -iez, -aient.**

⚠ Si le verbe se termine par **-e**, ce **e** tombe :
prendre → je **prendr**ais

	PARLER	FINIR	ENTENDRE
je	parlerais	finirais	entendrais
tu	parlerais	finirais	entendrais
il/elle/on	parlerait	finirait	entendrait
nous	parlerions	finirions	entendrions
vous	parleriez	finiriez	entendriez
ils/elles	parleraient	finiraient	entendraient

La prononciation des trois personnes du singulier et de la 3e du pluriel est la même [ɛ].

- **Formes irrégulières**

Au conditionnel, certains verbes sont irréguliers. Il n'y en a pas beaucoup, mais ce sont des verbes très fréquents. Vous en avez déjà vu certains dans l'unité 2.

faire	→ **fer-**	pouvoir	→ **pourr-**	voir	→ **verr-**
savoir	→ **saur-**	falloir	→ **faudr-**	vouloir	→ **voudr-**
être	→ **ser-**	aller	→ **ir-**	appeler	→ **appeller-**
avoir	→ **aur-**	venir	→ **viendr-**	acheter	→ **achèter-**
devoir	→ **devr-**	envoyer	→ **enverr-**	falloir	→ **faudr-**

- La terminaison du conditionnel est toujours la même si le verbe est irrégulier.
- Le conditionnel permet d'exprimer des souhaits, des hypothèses, de donner des conseils, etc.
  *À ta place, je me **reposerais**.*
  *Avec de l'argent, on **pourrait** faire le tour du monde.*
- Il permet aussi d'indiquer la politesse :
  *Je **voudrais** une baguette* est plus apprécié que *Je veux une baguette* qui est grossier.

Conseiller ou recommander

Pour conseiller ou recommander, on utilise :

- des formes impersonnelles (**Il faut** + INFINITIF ; **L'idéal, c'est de** + infinitif ; **C'est bon de** + INFINITIF)
- des formes personnelles (**devoir** + INFINITIF)
- les verbes **conseiller, recommander** et **suggérer.**

15 La prononciation des voyelles nasales

A. Dites si vous entendez en fin de phrase [a] comme dans **à**, [ã] comme dans **franc** ou [an] comme dans **Anne**.
Piste 24

	[a]	[ã]	[an]
1			
2			
3			
4			
5			
6			

B. Dites si vous entendez en fin de phrase : [ɛ] comme dans **mer**, [ɛ̃] comme dans **main** ou [ɛn] comme dans **reine**.
Piste 25

	[ɛ]	[ɛ̃]	[ɛn]
1			
2			
3			
4			
5			
6			

C. Dites si vous entendez en fin de phrase [ɔ] comme dans **fort**, [ɔ̃] comme dans **on** ou [ɔn] comme dans **bonne**.
Piste 26

	[ɔ]	[ɔ̃]	[ɔn]
1			
2			
3			
4			
5			
6			

D. Dites si vous entendez en fin de phrase [œ] comme dans **heure** ou [œ̃] comme dans **un**.
Piste 27

	[œ]	[œ̃]
1		
2		
3		
4		

E. Souvent les voyelles nasales qui terminent un mot masculin deviennent orales quand le mot est au féminin et ainsi la terminaison finit par [n]. Mais le son peut changer, comme [œ̃] de **un** et [yn] de **une** ou [ɛ̃] de **argentin** et [in] de **argentine**. Entourez le mot que vous entendez.
Piste 28

commun	commune
cousin	cousine
chacun	chacune
fin	fine
aucun	aucune
radin	radine

Quel parfum ! parfum parfum

COMPRENDRE UNE CONVERSATION ENTRE LOCUTEURS NATIFS

> Dans cet exercice, il vous est demandé de comprendre une conversation entre des personnes qui parlent sur un thème quotidien.

Quand vous écoutez une personne parler à la radio dans votre langue maternelle, vous retenez le principal. Pour l'examen, on ne vous demande pas plus. Il n'est absolument pas nécessaire de tout comprendre. Seule une compréhension globale et quelques détails importants sont nécessaires.

● Exemple

Piste 29

Répondez aux questions suivantes en cochant (**X**) la réponse.

Transcription :

● *Salut Marc, ça va ?*

○ *Ça va, et toi ?*

● *Dis, tu as fini le dossier qu'on doit rendre en français ?*

○ *Non, pas complètement. Je dois encore chercher des renseignements sur Internet. Pourquoi ? Tu en es où, toi ?*

● *Eh bien... Justement... En fait, je voulais te demander si tu ne pourrais pas m'aider parce que je ne trouve pas les documents pour le faire !*

○ *Tu n'as pas dû trop chercher !*

● *Non, ce n'est pas ça mais je t'assure que je ne trouve rien ! J'ai pensé que tu pourrais me prêter tes notes et comme ça j'aurais des idées... Enfin, si ça ne te dérange pas...*

○ *Que je te file mes notes !? Tu ne veux pas que je te fasse le boulot, non plus ?*

● *Allez, ne sois pas comme ça ! La prochaine fois, je t'aiderais...*

○ *Toi ? M'aider ? Écoute, si tu veux, je peux te donner des conseils mais je ne passerai pas mes notes. Il n'en est pas question !*

● *Franchement, tu n'es pas cool ! Je suis sûr que Mathieu me les aurait passées...*

○ *Eh bien, tu n'as qu'à les lui demander. Désolé, mais il faut que j'y aille. À plus !*

● *Ok, c'est bon... Allez, à plus !*

	VRAI	FAUX	ON NE SAIT PAS	
1. La conversation a déjà commencé.		X		⬎ Ils se saluent.
2. La conversation se passe en classe de français			X	⬎ Aucune information indique clairement où se tient cette conversation. On peut imaginer que ce n'est pas en classe mais il n'y a pas d'élément suffisant pour l'affirmer.
3. Marc demande à son ami de l'aider à faire le travail de français.		X		⬎ C'est le contraire. C'est l'ami qui demande à Marc de l'aider à faire ce travail de français.
4. Marc doit rechercher des renseignements sur Internet.	X			⬎ Marc explique qu'il n'a pas terminé son travail parce qu'il doit encore chercher des renseignements sur Internet.
5. L'ami propose d'aider Marc la prochaine fois qu'ils ont un dossier à faire.	X			⬎ L'ami propose que la prochaine fois, c'est lui qui apportera son aide.
6. Marc finit par accepter d'aider son ami.		X		⬎ Il refuse et décide de partir.

> ✎ Faites attention à la forme employée (**tu** / **vous**) qui indique la relation entre les interlocuteurs.
>
> ✎ Lisez bien les questions avant l'écoute. Elles vous permettent de savoir dans quel sens ira la conversation. En effet, plusieurs thèmes peuvent être abordés.

🎧 • **Exercice I**
Piste 30

Répondez aux questions suivantes en cochant (**X**) la réponse.

1. Le dialogue a déjà commencé.

☐ Vrai.
☐ Faux.
☐ On ne sait pas.

2. Dans l'écoute, on parle de...

☐ a

☐ b

☐ c

3. Les Lagrange demandent à leurs voisins...

☐ un service.
☐ des aliments pour leur animal.
☐ pourquoi ils se plaignent de leur animal.

4. Les voisins...

☐ acceptent.
☐ refusent.
☐ On ne sait pas.

5. Madame Lagrange précise qu'il faudra aussi...

☐ acheter les aliments.
☐ parler à son animal.
☐ tenir compagnie à l'animal dans la journée.

COMPRENDRE LES TITRES DE PRESSE

> Dans cet exercice, il vous est demandé de savoir à quelle rubrique appartient un titre de presse.

Quand vous lisez un journal, vous avez une idée des sujets des articles grâce à l'intitulé des différentes rubriques. Comme vous préférez certaines sections à d'autres, si vous les connaissez bien, vous savez quel type d'article vous pouvez trouver et donc choisir plus rapidement. Dans cet exercice, vous devez trouver à quelle rubrique correspond chaque titre d'article.

● Exemple

Lisez chaque titre et inscrivez le chiffre qui lui correspond dans la rubrique appropriée :

1 **Les Eurokéennes, un festival ouvert sur l'Europe**

2 Immigration : la lutte associative contre les expulsions massives

3 Le parlement a voté la loi malgré les amendements de l'opposition

4 UN EURO FORT EST-IL BON POUR SORTIR L'EUROPE DE LA CRISE ?

5 L'équipe de France devra affronter un match difficile samedi prochain

6 **LA FONTE DES GLACES EST-ELLE IMPARABLE EN ANTARCTIQUE ?**

RUBRIQUE	TITRE	ON MENTIONNE
Sciences	6	Fonte des glaces
Économie	4	Euro fort
Société	2	Immigration

RUBRIQUE	TITRE	ON MENTIONNE
Sport	5	Équipe de France / match
Culture	1	Festival
Politique	3	Parlement

> 🖊 Dans chaque phrase un seul mot peut suffire à comprendre le thème. Vous ne devez pas chercher à tout comprendre.
>
> 🖊 Les principaux thèmes que vous pouvez trouver dans la presse non spécialisée sont : la culture, l'économie, les médias, la politique, les sciences, la société, le tourisme.

● **Exercice I**

Reliez les titres et les chapeaux (petite introduction de l'article).

1 DISTRIBUTION D'ORDINATEURS PORTABLES DANS LES ÉCOLES

2 GUADELOUPE ET MARTINIQUE : SI BELLES ET SI LOINTAINES

3 COPENHAGUE : UN SOMMET POUR RIEN

4 AIDE À LA CRÉATION D'ENTREPRISES

5 LES SPECTACLES MUSICAUX ONT LA COTE

6 COUPLE QUI CASSE, ADO QUI SE CASSE !

A D'après un institut de sondages très connu, les fuites seraient plus fréquentes chez les adolescents dont les parents viennent de se séparer ou sont sur le point de la faire.

B La réunion tant attendue a-t-elle vraiment été utile ? À croire les principaux experts en changement climatique, cette réunion dont on attendait tant a débouché sur une photo des principaux leaders incapables de prendre une décision ferme sur la politique à suivre.

C Plongée, randonnée, gastronomie… Au cœur des Antilles, le touriste de Métropole a encore beaucoup à découvrir de ces deux merveilleuses îles.

D Le Gouvernement a décidé de mettre en place une série d'aides pour rendre plus souple le lancement de petites entreprises

E Arrivés tout droit des États-Unis, les comédies musicales, essentiellement pour adolescents, battent des records d'entrées à Paris et dans les principales autres villes européennes. Certains y voient la fin des spectacles au cachet européen.

F Le Gouvernement l'a annoncé hier : tous les établissements scolaires seront équipés d'un tableau numérique interactif et les élèves recevront tous un micro-ordinateur portable grâce auquel ils pourront réaliser leurs devoirs, avoir accès à des contenus de classe complémentaires…

• **Exercice 2**

Lisez chaque titre et inscrivez le nom de la rubrique qui lui correspond. Vous avez le choix entre les thèmes suivants: **économie**, **médias**, **tourisme**, **politique**, **société**, **culture**. Attention, chaque titre appartient à une rubrique différente.

1

Le candidat à la présidence de la République sera désigné en congrès la semaine prochaine ....

2

LES PETITS COMMERCES : VICTIMES DE LA CRISE ET DES GRANDES SURFACES ....

3

Entre les chansons en anglais et celles en espagnol, la chanson française fait de la résistance ....

4

LE LIVRE A-T-IL ENCORE UN AVENIR DANS UN MONDE NUMÉRIQUE ? ....

5

À LA DÉCOUVERTE DES SECRETS DES CARAÏBES ....

6

Les grandes vacances sont-elles trop longues ? ....

• **Exercice 3**

Lisez chaque titre et inscrivez le chiffre qui lui correspond sous la rubrique appropriée.

1. On ne sifflera plus la Marseillaise dans les stades… sous peine de poursuites

2. Le ministre de la Jeunesse propose la création d'un comité inter-régional des moins de 16 ans

3. Le cinéma indien crève l'écran !

4. Les entreprises et la création d'embauche : une question tendue

5. Des robots au service de la santé

6. Les enfants quittent le domicile parental de plus en plus tard

SCIENCES	ÉCONOMIE	SOCIÉTÉ	SPORT	CULTURE	POLITIQUE

ÉCRIRE UNE LETTRE OU UN COURRIEL

Dans cet exercice, vous devez écrire une lettre ou un courriel pour inviter quelqu'un ou demander quelque chose.

Pour inviter quelqu'un, demander quelque chose ou même vous plaindre, vous préférez parfois écrire un courriel ou une lettre au lieu de téléphoner. Dans cet exercice, vous devez faire la même chose, en suivant les indications fournies.

● **Exemple**

Vous avez laissé à **un ami** 1 **votre micro chaîne** 2 pour **une fête** 3 qu'il a organisée.

Il vous **a rendu le matériel un mois plus tard** 4, mais **le son ne fonctionne plus** 5.

Vous lui demandez de **venir chez vous pour le réparer** 6.

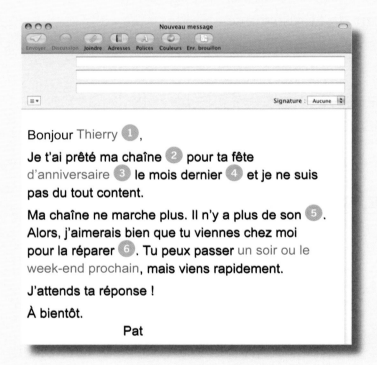

Informations demandées
Informations inventées

🖎 Il s'agit toujours de lettres ou de courriels informels.

🖎 Pour être créatif, il suffit de donner quelques précisions sur ce qui vous est demandé (inventer un nom ou un prénom, une date, un motif, etc.). Le texte doit être très court.

🖎 Votre texte doit faire de 60 à 80 mots (respectez cette indication avec +/- 10%).

● **Exercice 1**

Vous êtes immobilisé/e chez vous à cause d'un problème de santé. Vous écrivez un courriel à un/e camarade de classe pour lui demander de vous passer les cours et les devoirs. Vous lui demandez aussi s'il/elle pourra rester un moment pour vous les expliquer.

L'ÉVALUATION DU MONOLOGUE SUIVI

> Dans cet exercice, l'évaluation porte sur des capacités communicatives et des capacités linguistiques.

Quand vous écoutez quelqu'un parler, vous aimez le comprendre de façon globale et dans les détails, mais vous aimez aussi avoir la sensation que cette personne parle bien. Dans cet exercice, vous êtes évalué/e de la même façon. Vos capacités pour transmettre un message seront appréciées, mais vous devez aussi parler le plus correctement possible. Cet exercice est la deuxième partie de la production orale.

Proportions de la note entre :

Évaluation pragmatique et sociolinguistique : 60% de la note de cette épreuve.

Évaluation linguistique : 40% de la note de cette épreuve.

> 🖎 Vous avez 10 min. de préparation pour le monologue suivi et l'exercice en interaction. Réservez 5 min. pour l'un et 5 min. pour l'autre.
>
> 🖎 Les exercices de production orale s'enchaînent les uns après les autres. L'examinateur indique la transition entre chaque exercice.
>
> 🖎 Pour vous entraîner pendant les exercices de monologue suivi, vous pouvez utiliser cette grille d'autoévaluation (remplissez-la à l'aide de croix).

Capacités pragmatiques et sociolinguistiques	0	0,5	1	1,5	2	2,5	3	3,5	4
1. Peut présenter de manière simple un événement, une activité, un projet, un lieu, etc. liés à un contexte familier. ✱ Restez simple ; ne compliquez pas trop votre présentation.									
2. Peut relier entre elles les informations apportées de manière simple et claire. ✱ Parlez avec simplicité mais utilisez de temps en temps des pronoms personnels ou relatifs, des connecteurs, etc.									
Capacités linguistiques									
1. Lexique (étendue et maîtrise) : Peut utiliser un répertoire limité mais adéquat pour gérer des situations courantes de la vie quotidienne. ✱ N'utilisez pas de vocabulaire trop compliqué, utilisez juste le vocabulaire de situations de la vie quotidienne.									
2. Morphosyntaxe : Peut utiliser des structures et des formes grammaticales simples. Le sens général reste clair malgré la présence systématique d'erreurs élémentaires. ✱ Soyez simple. Vous pouvez faire des erreurs d'un niveau plus bas, mais l'important c'est de vous exprimer clairement.									
3. Maîtrise du système phonologique : Peut s'exprimer de façon suffisamment claire. L'interlocuteur devra parfois faire répéter. ✱ Articulez bien et parlez tranquillement, l'important c'est d'être bien compris. N'ayez pas peur si l'examinateur vous demande de répéter ; il est conscient de votre niveau et il fait cela pour vous aider.									

● **Exercice 1**

Parlez de la dernière fois où vous avez offert un cadeau à quelqu'un. Pour cela, préparez un petit texte.

....

....

....

....

....

....

....

....

....

....

Faites votre présentation à un/e camarade. Vous serez le candidat et votre camarade, l'examinateur. Il/elle devra vous évaluer avec la grille d'évaluation du monologue suivi.

Inversez les rôles.

● **Exercice 2**

Parlez à un/e camarade d'un problème que vous avez eu avec un objet, un appareil ou un service. Pour cela, préparez votre présentation par écrit.

....

....

....

....

....

....

....

....

....

....

....

Faites votre présentation à un/e camarade. Vous serez le candidat et votre camarade, l'examinateur. Il/elle devra vous évaluer avec la grille d'évaluation du monologue suivi.

Inversez les rôles.

Mon pays

Dans cette unité nous allons parler de notre pays et nos endroits favoris

Tout pour...
- donner des explications, renseigner sur un lieu
- orienter quelqu'un dans une ville ou dans une région
- donner des explications sur les fêtes et traditions
- parler du zoo

Tout pour bien utiliser...
- le futur simple
- le pronom relatif **où**
- le pronom personnel **y**
- les comparatifs **mieux** et **meilleur**
- les superlatifs

Entraînement au DELF scolaire et junior A2
- l'évaluation de la compréhension de l'oral (CO)
- l'évaluation de la compréhension des écrits (CE)
- l'évaluation de la production écrite (PE)
- l'évaluation de l'entretien dirigé et l'exercice en interaction (PO)

POUR DÉCRIRE UN ENDROIT
Positif :
C'est super / beau / joli / coloré / animé / intéressant / calme... Il y a plein de choses à faire/voir...
Négatif :
C'est nul / moche (laid) / sans intérêt / mort / triste / ennuyeux / bruyant... Il n'y a rien à faire...
Autre :
C'est grand / étendu / immense / petit / minuscule / vieux / ancien / moderne...

POUR DÉCRIRE UN LIEU
La taille :
• *C'est grand ?*
○ *C'est une ville de taille moyenne / c'est tout petit ...*
Le climat :
• *Quel temps il fait ?*
○ *Il fait toujours beau / c'est assez pluvieux*
La situation géographique :
• *C'est où exactement ?*
○ *Au nord de Paris / à 50 km de ...*
L'aspect extérieur :
• *C'est comment ?*
○ *C'est joli...*
L'ambiance :
• *C'est sympa comme endroit ?*
○ *C'est très gai et coloré / c'est mort...*

LE RELIEF ET LES CÔTES EN FRANCE
La France a des paysages très variés. Ceux qui veulent aller à la mer ont le choix entre les grandes plages de Normandie au nord-ouest, les côtes sauvages de Bretagne à l'ouest, les plages océaniques au sud-ouest ou la côte méditerranéenne au sud du pays. Ceux qui préfèrent la montagne peuvent trouver de petites et moyennes montagnes dans le centre (le Massif central) et au nord-est (les Vosges, le Jura) et de hautes montagnes à l'est (les Alpes, avec le Mont Blanc, 4807 m) et au sud (les Pyrénées).

1 Parler d'une ville

Si on te demande de présenter une ville, quels sont les éléments les plus importants pour toi ?

- la situation géographique
- l'ambiance (gens, animation, boutiques)
- les services (transport, médiathèques, hôpitaux)
- les aménagements (les rues piétonnes, les pistes cyclables)
- le climat
- la région, les alentours
- la propreté des rues
- les sorties (cafés, restaurants, spectacles)
- les loisirs (cinéma, patinoire, piscine)
- les espaces verts (parcs, jardins publics, skate park)

• *Pour moi, le plus important pour la qualité de vie c'est...*
○ *Ah bon, pourquoi ?*

2 La description d'un lieu

A. Les parents d'un de vos amis veulent partir en vacances dans un lieu différent et ils ont demandé à leur fils de choisir le lieu qu'il préfère. Aidez-le à faire ce choix à partir des renseignements fournis sur ces prospectus.

Park' Atrak, c'est fort en sensations ! À 1 km au sud de Montpellier, Park'Atrak t'ouvre les portes de l'aventure ! Tu seras fasciné par un voyage extraordinaire autour du monde qui te fera découvrir les richesses de la Chine, de la Polynésie, du Far West et bien entendu de la Méditerranée.

• **+ 100 spectacles thématiques**
• **Boutiques, restaurants**
• **4 hôtels**
**En plus, tu pourras aussi profiter de Montpellier et de sa région !
Alors, n'hésite plus pour tes vacances**

avec tes amis ou avec toute famille famille... Vous allez vraiment vous amuser !!!

Vacances à la ferme

Hébergement
Un hébergement à la ferme, c'est l'assurance d'un cadre naturel et reposant, en famille ou entre amis, loin du bruit de la ville. Selon vos moyens ou vos envies, plantez votre tente sur une aire de camping aménagée à la ferme, installez-vous pour une nuit ou pour une semaine dans une chambre d'hôtes ou bien encore passez vos vacances dans un gîte rural et partez à la découverte de la région et de ces merveilles gastronomiques et touristiques.

Loisirs et activités
Idéal pour vos vacances en famille, des activités variées, pédagogiques et ludiques, vous sont proposées. Il y en a pour tous les âges et pour toutes les passions : apprendre à traire une vache, chasser les œufs de Pâques, traquer la perdrix, faire une balade à cheval, connaître les techniques de vinification du vin... À toute heure et en toute saison, il se passe toujours quelque chose dans une ferme !

B. À ton tour, créé un prospectus d'un lieu de vacances (réel ou imaginaire).

• *Je vais te présenter... C'est un endroit super, il y a...*

3 S'orienter en ville

A. Voici quelques points de repères utilisés habituellement pour indiquer le chemin. Peux-tu retrouver leur nom ?

un rond-point	....	une forêt / un bois	....	un pont	....
un coin de rue	....	un parc	....	une statue	....
un panneau	....	un arrêt de bus	....	une sortie de métro	....
un feu (de signalisation)	....	une rivière	....		

ORIENTER
Vous devez aller / prendre, tourner / continuer / suivre / traverser / passer...
À droite / à gauche / avant / tout droit / en face / au coin de / à l'angle de / devant / derrière / après / en direction de...
- *C'est loin ?*
- *C'est à 10 km d'ici, à 20 minutes en voiture / en train...*

B. Jérémy est invité à la fête d'anniversaire d'une amie mais il n'est jamais allé chez elle. Il regarde sur Internet l'itinéraire depuis chez lui (14, rue des Teinturiers) jusqu'à chez elle (34, rue de la Colombette). Regarde-le toi aussi et complète à l'impératif l'itinéraire proposé.

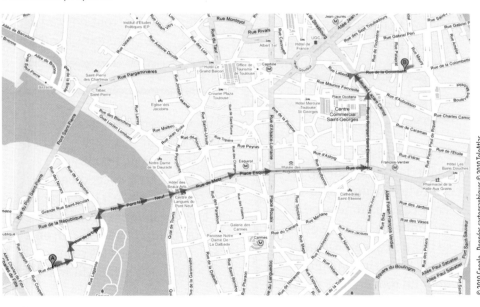

© 2010 Google - Données cartographiques © 2010 TeleAtlas

▶ À la fin de la rue des Teinturiers, ... à gauche direction le Pont Neuf.

▶ .... le Pont Neuf et .... tout droit par la rue de Metz.

▶ Avant d'arriver au boulevard Lazare Carnot, ... à gauche.

▶ Au bout de la rue des Remparts, ... le boulevard Lazare Carnot sans le quitter.

▶ .... boulevard Lazare Carnot sur 100m puis .... à droite, c'est la rue de la Colombette.

▶ .... de marcher sur 210m et le numéro 34 se trouve à ta gauche.

C. Présente sous ce même format le trajet pour aller de chez toi à ton école.

4 Les traditions et les fêtes

A. Retrouve la fête décrite dans chacun des textes.

Le premier mai

La fête de la musique

La Saint-Valentin

Le 14 juillet

LES JOURS FÉRIÉS EN FRANCE

Les jours où on ne travaille pas sont appelés jours fériés. Ils peuvent être d'origine religieuse, comme Noël (le 25 décembre), Pâques (en mars ou avril), le jeudi de l'Ascension et le lundi de Pentecôte (en mai), l'Assomption (le 15 août) ou la Toussaint (le 1er novembre). Ils marquent aussi des événements civils comme la prise de la Bastille (le 14 juillet, la fête nationale), la fin de la Première Guerre Mondiale (le 11 novembre), la fin de la Deuxième Guerre Mondiale (le 8 mai), le premier jour de l'année (le jour de l'an) ou la fête du travail (le 1er mai).

C'est l'occasion de commémorer la Révolution française et notamment la prise de la Bastille en 1789. C'est la fête nationale et, à Paris, le traditionnel défilé militaire a lieu en présence du président de la République. Les gens peuvent aller voir le feu d'artifice organisé par la municipalité et danser dans les bals populaires.

Cette fête marque l'arrivée de l'été. Ce jour-là, la France vit au rythme de la musique et il y a des concerts professionnels et amateurs organisés partout dans les villes. On peut chanter et danser partout en France tard dans la nuit.

C'est au mois de février, le 14. Ce jour-là, on célèbre la fête des amoureux. Pour cela, on dîne avec la personne qu'on aime et on se fait un cadeau. On peut aussi lui écrire une lettre pour lui dire qu'on l'aime.

C'est un jour férié dans de nombreux pays. En France, on a coutume d'offrir une fleur appelée muguet et qui porte bonheur. Ce jour-là, on en trouve à tous les coins de rue. C'est la fête du travail.

B. Peux-tu décrire une fête de ta ville, de ta région ou de ton pays ?

La date, c'est le...

On a coutume de...

Traditionnellement, on...

Chez moi, on fête...

On fait...

5 Visite au zoo

A. Voici les photos prises par Delphine dans le zoo de la Tête d'Or à Lyon où elle a passé la journée avec le reste de la famille.

B. Le zoo propose aux collégiens un concours qui permet de tester leurs connaissances sur les animaux. Essaie toi aussi d'y participer : remplis la fiche ci-dessous.

GRAND CONCOURS :
CONNAIS-TU CES ANIMAUX

Classez les animaux suivants dans les catégories.
(Attention certains animaux peuvent faire partie de plusieurs catégories).
Les gagnants bénéficieront d'une carte de membre de l'Association des amis du zoo pour toute l'année !!!

chat, aigle, souris, lapin, tortue, loup, pigeon, ours, cochon, vache, araignée, taureau, chameau, tigre, cheval, chien, mouton, chèvre, âne, oiseau, canard, hippopotame, oie, poule, coq, abeille, guêpe, serpent, grenouille

les animaux sauvages	les animaux de compagnie ou des villes	les animaux de la campagne

LES ANIMAUX DOMESTIQUES

En France, les animaux domestiques sont très populaires. On estime que plus de 50% des foyers français possèdent un animal domestique, dont environ 27% un chien, 25% un chat, 10% un poisson, 6% un oiseau, 5% un rongeur. En France, on compte 9,7 millions de chats et 8,8 millions de chiens. Ils ont leurs magazines ; le plus connu, *Trente millions d'amis* se vend à 90 000 exemplaires chaque mois. La société protectrice des animaux (la SPA) est aussi très active.

C. Quel est ton animal préféré ? Pourquoi ? Écris un petit texte pour parler de l'animal que tu préfères. Dis pourquoi tu as fait ce choix.

Moi, je préfère le...
Je l'aime bien parce que...

D. Imagine que tu es un animal pendant une journée entière. Quel animal serais-tu ? Fais-le deviner à un(e) camarade.

● Je suis grand et je vis dans...

6 Le futur simple (1)

Complète les phrases suivantes à l'aide d'une des expressions ci-dessous, que tu conjugueras au futur simple comme dans l'exemple.

- ☐ (Ne pas avoir) classe !
- ☐ les collégiens et les lycéens (pouvoir) voyager gratuitement dans les transports publics de la ville.
- ☐ (avoir) du mal à trouver la maison !
- ☐ (devoir) faire tous tes devoirs.
- ☐ Dis, (venir)
- ☐ (falloir) qu'on organise une vente de gâteaux dans le collège pour récolter des fonds.
- ☒ Tu peux me dire combien (être) à la fête
- ☐ (appeler) la maison de temps en temps, n'est-ce pas ?
- ☐ (falloir) qu'on organise une vente de gâteaux dans le collège pour récolter des fonds.

Tu peux me dire combien vous serez pour que je calcule les boissons ?

1. À partir de la rentrée prochaine, ...
2. .... au cinéma avec nous ce soir ?
3. Je veux bien que tu restes dormir chez ta copine mais avant ....
4. Mes parents vont me conduire à la fête chez Jérémy mais sans plan ....
5. On veut bien que tu partes en camping cet été mais ....
6. Si on veut faire un séjour linguistique en Angleterre, ...
7. Super ! Si demain il neige, ...

7 Le futur simple (2)

A. Voici un extrait de l'interview du photographe Bertrand Emylianoff. Lis-la et imagine ce qu'une voyante lui aurait dit 50 ans avant. Pour cela, utilise le futur simple sans oublier de modifier les pronoms quand c'est nécessaire.

> J'ai eu une vie pleine d'aventures. J'ai voyagé partout dans le monde, j'ai vu des paysages merveilleux et j'ai rencontré des personnes fantastiques qui m'ont beaucoup appris sur leur culture et leur religion. J'ai particulièrement été marqué par un voyage dans les montagnes de l'Himalaya. Je suis resté plus de 9 mois là-bas. J'ai rencontré ma femme dans l'avion qui nous a ramenés en Europe. Nous ne nous sommes plus quittés. Elle est devenue mon assistante et nous avons pu partager les expériences de nos voyages à travers le monde.

Gérard, je vois que vous aurez une vie pleine d'aventures...

B. Écris un petit texte dans lequel tu décris comment tu imagines ta vie dans les années à venir (tes études, ta profession, ta vie personnelle, etc.)

LE FUTUR PROCHE / LE FUTUR SIMPLE

- Le **futur proche** désigne normalement une action proche dans le temps. Elle peut également être utilisée pour exprimer un futur lointain si on est sûr de la réalisation de l'action.
- Le **futur simple** peut aussi exprimer un futur très proche.
  Par conséquent, dans la langue courante, il est possible de combiner le futur simple et le futur proche dans une même phrase :
  - *Qu'est-ce que tu vas faire demain ?*
  - *J'irai au cinéma. Je pense que je vais voir le dernier film de Jugnot.*

8 Les pronoms relatifs (I)

Complétez les phrases avec le pronom relatif qui convient (**qui**, **que**, **où**).

1. Vous prendrez la rue qui est à gauche après le feu.
2. Au moment .... vous arrivez au carrefour, vous tournez à droite.
3. Je vous déconseille d'arriver à l'heure, ... il y a beaucoup de circulation.
4. Le Boulevard Rousseau se trouve après le feu .... vous apercevez au bout de la rue.
5. Le parc .... le maire vient d'inaugurer se situe tout près de chez moi.
6. Pour vous garer, il y a un parking .... se trouve à peine à 100 mètres.
7. Suivez cette rue jusqu'au panneau .... indique « Centre commercial ».
8. Vous devez reprendre la route juste avant le pont .... vous avez traversé.
9. Vous ne pouvez pas vous tromper, c'est là .... ils font des travaux.
10. Vous verrez, il y a une boulangerie .... fait l'angle.

> **OÙ / OU**
> • **Où** avec un accent grave sur le u (ù) est un adverbe ou un pronom :
> • *Où tu habites ?*
> ○ *Dans la ville où je suis né.*
> • **Ou** sans accent est une conjonction :
> • *A ou B ?*
> ○ *B.*

9 Les pronoms relatifs (I)

A. Complète ce courriel avec les extraits de phrases ci-dessous, introduites par un pronom relatif (**qui, que, où**).

Bonjour tout le monde,

Juste un petit mot pour vous donner le bonjour depuis Mexico *où je passe quelques jours avec ma famille*. On va presque tous les jours faire des excursions .... L'autre jour, on a visité un site archéologique .... ! Qu'est-ce que c'est impressionnant ! Demain on va aller dans le Yucatan ! Ça fait rêver, n'est-ce pas ? Il paraît que les plages .... ! Par contre, pour manger, attention, c'est chaud !! Tous les plats .... sont hyper épicés ! Le jour .... je suis même tombé malade. Mais c'est passé ☺ Et puis j'ai mangé du poulet .... de *mole poblano*, une sauce .... et ...., mais qu'est ce que c'est bon !!! Et puis les Mexicains et Mexicaines .... ! Demain je vais vous envoyer des photos ...., vous verrez comme on s'amuse bien.
Je pense bien à vous.

À bientôt,

date du temps des Aztèques   était accompagné

contient du cacao   j'ai faites

nous permettent de connaître plein d'endroits extraordinaires   on est arrivés

on a rencontrés sont vraiment très très sympas   pique

on nous sert   on trouve là-bas sont géniales pour se baigner

B. À ton tour, complète les phrases suivantes :

J'habite une rue où ....

J'ai des voisins qui ....

Je n'aime pas sortir les jours où ....

J'aime aller dans des endroits que ....

Y ALLER AU FUTUR
Le pronom **y** ne peut pas être utilisé avec le verbe **aller** conjugué au futur simple.
Est-ce que tu iras à Paris pendant les vacances ? Oui, j'irai.
Mais la phrase peut être renforcée à l'aide de **là-bas** ou d'une précision (*une quinzaine de jours, voir ma mère*).

Y, EN ET L'IMPÉRATIF
À la deuxième personne du singulier de l'impératif, les verbes en **–er** accompagnés du pronom en ou du pronom **y** prennent un **s** à la forme affirmative :
*manges-**en** ! vas-**y** !*

MIEUX OU MEILLEUR
Pour savoir s'il faut utiliser **mieux** ou **meilleur**, il faut oublier la comparaison et se demander si on dirait bon ou bien.
*Tu as **mieux** / **meilleur** (?) réussi cet exercice que le précédent.*
*On dirait tu as bien réussi cet, donc tu as **mieux** réussi cet exercice que le précédent.*

LE PIRE / MAUVAIS
Généralement, **le pire** sert à marquer une certaine insistance. Sinon on utilise **le plus mauvais**.
*Ce film est vraiment **mauvais**, mais très **mauvais**.*
*Je crois que c'est **le pire** de cette année.*

10 Les pronoms en et y

A. Dans les phrases suivantes, dis quel est le complément que le pronom **en** ou le pronom **y** remplacent.

1. Il adore la Bretagne. Il **y** passe ses vacances d'été.
     (= Il passe ses vacances d'été *en Bretagne.*)
2. Non, il ne part pas pour les États-Unis. Il **en** vient.
     (= Il vient ....)
3. Voici l'adresse de ce restaurant, on **y** mange très bien.
     (= On mange très bien ....)
4. Tu vois cette pâtisserie ? On **y** fait d'excellents gâteaux.
     (= On fait d'excellents gâteaux ....)
5. Ce canapé est très confortable. Je m'**y** installe quand je rentre du travail.
     (= Je m'installe .... quand je rentre du travail.)
6. Son bureau est vide. Il vient d'**en** sortir.
     (= Il vient de sortir ....)

B. Sur le modèle des phrases ci-dessus, écris à ton tour deux phrases avec y et deux phrases avec en, puis demande à un camarade de les compléter.

11 Mieux et meilleur

Complète ces affirmations avec **mieux**, **meilleur**, **meilleure**, **meilleurs** ou **meilleures**, puis dis si tu es d'accord ou pas avec. Justifie ta réponse.

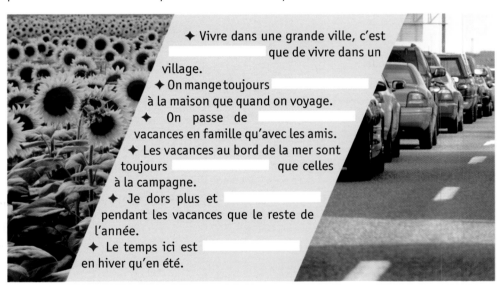

✦ Vivre dans une grande ville, c'est _____ que de vivre dans un village.
✦ On mange toujours _____ à la maison que quand on voyage.
✦ On passe de _____ vacances en famille qu'avec les amis.
✦ Les vacances au bord de la mer sont toujours _____ que celles à la campagne.
✦ Je dors plus et _____ pendant les vacances que le reste de l'année.
✦ Le temps ici est _____ en hiver qu'en été.

12 Les superlatifs

À l'aide d'un superlatif (**le plus...**, **le moins...**, **le meilleur**, **le pire**), dis ce qu'évoquent pour toi les noms de la liste ci-dessous. Réponds comme dans l'exemple.

Un pays...

Pour moi, le plus petit pays que j'ai visité, c'est le Luxembourg. Et pour vous ?

▶ Un voyage...
▶ Un souvenir de vacances...
▶ Un musée...
▶ Les habitants...

▶ Un repas...
▶ Une ville...
▶ Un ami...
▶ Un moyen de transport...

Parler de l'avenir

- **Le futur proche : ALLER** au présent de l'indicatif + INFINITIF

  *Je **vais aller** aux États-Unis.*
  En principe, il s'agit d'une action proche dans le temps. Mais ce temps s'utilise souvent avec la même valeur que le futur simple.

- **Le futur simple :** il se forme à partir de l'infinitif du verbe suivi des terminaisons (**-ai, -as, -a, -ons, -ez, -ont**).

  *Tu **arriveras** à 15 heures.*

Si l'infinitif se termine par **–e** (prendre, attendre, etc.), le **-e** final est supprimé :

  *Je **prendrai** un café au lait.*

- **Formes irrégulières**

  Au futur, certains verbes sont irréguliers. Il n'y en a pas beaucoup mais ce sont des verbes très fréquents. Ils ont la même irrégularité qu'au conditionnel.

FAIRE (fer-)
SAVOIR (saur-)
ÊTRE (ser-)
AVOIR (aur-)
DEVOIR (devr-)
POUVOIR (pourr-)
FALLOIR (faudr-)
ALLER (ir-)
VENIR (viendr-)
ENVOYER (enverr-)
VOIR (verr-)
VOULOIR (voudr-)
APPELER (appeller-)
ACHETER (achèter-)
FALLOIR (faudr-)
RECEVOIR (recevr-)

Le pronom relatif où

- Le pronom relatif **où** remplace un complément de lieu :

  *Toulouse, c'est la ville **où** j'ai fait mes études.*
  (= J'ai fait mes études à Toulouse.)

  Mais il remplace aussi un complément de temps :

  *C'est une époque **où** je me suis beaucoup amusé.*
  (= Je me suis beaucoup amusé à cette époque.)

(v. aussi les pronoms relatifs qui et que dans l'unité 3.)

Le pronom complément circonstanciel de lieu : y

- Le pronom **y** remplace un complément de lieu introduit par une préposition : **à, en, dans, sur, sous**.

  *Il a habité au Brésil pendant deux ans. Maintenant il n'**y** habite plus. (**y** = au Brésil)*
  *Eileen ne vit plus en Irlande mais elle **y** va tous les étés. (**y** = en Irlande)*
  *D'habitude, il range ses lunettes sur son bureau mais aujourd'hui, elles n'**y** sont pas. (**y** = sur son bureau)*

(v. aussi le pronom complément circonstanciel en dans l'unité 4.)

Les comparatifs irréguliers mieux et meilleur

- **Mieux** est le comparatif de **bien**. Il est invariable.

  - *On mange bien dans la pizzeria « Da Sergio ».*
  - *Oui, mais je trouve qu'on mange **mieux** à « La belle Napolitaine ».*

- **Meilleur** est le comparatif irrégulier de **bon**. Comme tous les adjectifs, il s'accorde en genre (masculin, féminin) et en nombre (singulier, pluriel).

  - *Il m'a donné une bonne recette pour faire les pâtes.*
  - *On va voir si elle est **meilleure** que la mienne.*

Les superlatifs

- On forme les superlatifs de supériorité avec **le/la/les plus** + adjectif et d'infériorité avec **le/la/les moins** + adjectif.

  *Paris est la ville **la plus visitée** par les touristes.*
  *Quelle est **la moins bonne** note de la classe ? Un 12/20 ? C'est bien.*

⚠️ Les superlatif de **bon** est **le meilleur**.

  *Le coureur a réalisé **le meilleur temps** pendant les essais.*

- **Mauvais** a deux formes de superlatif, une forme régulière (**le plus mauvais**) et une forme irrégulière (**le pire**).

  *Pour moi, **le pire moment** du DELF, c'est l'oral.*

Mais on peut aussi dire :

  *Pour moi, **le plus mauvais** moment du DELF, c'est l'oral.*

13 L'orthographe des voyelles nasales

> Il existe 4 sons de voyelles nasales en français : [ã] comme **dans**, [ɛ̃] comme **parfum**, [ɔ̃] comme **bon**, [œ̃] comme **un.**

🎧 Piste 31 **A.** Dites quel est le son nasal en commun dans les mots de fin de phrase.

	[ã]	[ɛ̃]	[ɔ̃]	[œ̃]
C'est pour chacun.				
Ce n'est pas du parfum.				

🎧 Piste 32 **B.** Dites quel est le son nasal en commun dans les mots de fin de phrase.

	[ã]	[ɛ̃]	[ɔ̃]	[œ̃]
Vous voyez, ça tombe !				
La partie supérieure est ronde				
Je vais analyser votre compte				

Dites de quelle façon ce son peut s'écrire : ...., ..., ...
La lettre **m** s'utilise devant les lettres : .... et ....

🎧 Piste 33 **C.** Dites quel est le son nasal en commun dans les mots de fin de phrase.

	[ã]	[ɛ̃]	[ɔ̃]	[œ̃]
Ils me le vendent.				
Je les ai achetés ensemble.				
Plaignez-vous à la banque !				
Prenez la rampe !				
Je me suis blessé à la tempe.				
Tu veux que je l'emmène ?				

Dites de quelle façon ce son peut s'écrire : ...., ..., ..., ..., ...
La lettre **m** s'utilise devant les lettres : ...., ... et ....

Oui, c'est certain.

🎧 Piste 34 **D.** Dites quel est le son nasal en commun dans les mots de fin de phrase.

	[ã]	[ɛ̃]	[ɔ̃]	[œ̃]
Oui, c'est certain.				
Votre appareil est ancien.				
Je vous trouve très sain.				
J'ai mal au pharynx.				
Je n'ai pas faim.				
C'est très simple !				
C'est plein.				
Il est très sympa !				

Dites de quelle façon ce son peut s'écrire : ...., ..., ..., ..., ..., ..., ...
La lettre **m** s'utilise devant les lettres : .... et ....

L'ÉVALUATION DE LA COMPRÉHENSION DE L'ORAL

Tout au long des ces unités, nous avons vu les différents types d'épreuves de la compréhension orale et nous vous avons donné des conseils pour les aborder. Voyons maintenant comment les examinateurs vont évaluer votre travail.

Quand vous écoutez une personne parler à la radio dans votre langue maternelle, vous retenez le principal. Pour l'examen, on ne vous demande pas plus. Il n'est absolument pas nécessaire de tout comprendre. Seule une compréhension globale et quelques détails importants sont nécessaires.

Cet examen est noté sur 25 points répartis de la façon suivante :
• 5 points pour les annonces et instructions orales ;
• 8 points pour les émissions de radio et enregistrements ;
• 12 points pour la conversation entre locuteurs natifs.

✎ Vous devez être capable de comprendre des interventions simples et claires. Les phrases seront courtes et peu complexes.

✎ Les expressions et le vocabulaire sont ceux de la vie quotidienne.

✎ En général, vous devez cocher des réponses ou écrire des numéros. Vous devez aussi parfois écrire des phrases simples.

✎ Les questions sont fermées. La réponse doit correspondre clairement à un élément du document.

• Exercice I

Anne veut aller chez un amie qui habite à Questembert, à une trentaine de kilomètres de chez vous. Pour s'y rendre, elle veut prendre le car. Elle téléphone à la gare routière pour obtenir les renseignements.

Première partie de l'enregistrement :
Piste 35

1. Pour obtenir les horaires, elle doit...

☐ Taper sur une touche.
☐ Attendre qu'un opérateur lui réponde.
☐ On ne sait pas.

Deuxième partie de l'enregistrement :
Piste 36

2. Pour connaître les tarifs...

☐ Elle peut le faire en tapant la touche 2.
☐ Elle doit normalement passer par la gare routière.
☐ Elle doit attendre en ligne que l'opératrice lui réponde.

3. Pour se rendre à Questembert, elle devra payer...

☐ 18 euros
☐ 14 euros
☐ On ne sait pas.

L'ÉVALUATION DE LA COMPRÉHENSION DES ÉCRITS

Tout au long des ces unités, nous avons vu les différents types d'épreuves de la compréhension des écrits et nous vous avons donné des conseils pour les aborder. Voyons maintenant comment les examinateurs vont évaluer votre travail.

Cet examen est noté sur 25 points répartis de la façon suivante :
- 5 points pour les annonces ou instructions ;
- 6 points pour les titres de journaux ;
- 9 points pour lire pour s'orienter ;
- 5 points pour lire et s'informer.

Dans le cas de la version pour les publics scolaires :
- 6 points pour les annonces ou instructions ;
- 9,5 points pour lire pour s'orienter ;
- 9,5 points pour lire et s'informer.

✎ Vous devez être capable de comprendre des textes courts et très simples. Les phrases doivent être courtes et peu complexes.

✎ Les informations que vous trouvez proviennent de documents courants comme des panneaux, des publicités, des prospectus, des menus, des horaires, des lettres ou des courriels courts et de type personnel.

✎ En général, vous devez cocher des réponses, écrire des numéros ou citer une phrase ou une expression du texte. Vous devez éventuellement écrire des phrases très simples.

✎ Les questions sont fermées. La réponse doit correspondre clairement à un élément du document.

• **Exercice I**

La gazette des Ardennes wallones

Une ville toujours plus propre… et fleurie
PATRICK LAMOT

Après avoir gagné le troisième prix de ville fleurie l'an dernier, la municipalité de Ceynis a décidé de s'attaquer à la base pour rendre sa ville plus belle et va accélérer le retraitement des déchets d'une façon originale.

Ce n'est plus possible ! Chaque habitant de Ceynis jette environ 1 kg de déchets* par jour et cela augmente d'année en année. C'est moins que la moyenne nationale, mais ce n'est pas suffisant. En effet, la récupération des déchets est, elle, inférieure de 50% à la moyenne nationale. Il fallait réagir !

C'est pourquoi la municipalité a décidé de mettre en place un programme de distribution de poubelles de récupération dans chaque foyer*, mais pas n'importe quelle poubelle. Ces poubelles seront peintes avec des fleurs ou arbres différents pour chaque type de retraitement : pour les matières organiques (la nourriture, les plantes, etc.), il y aura un oranger ; pour le papier, ce sera un hortensia de couleur bleue ; pour le verre, il y aura un ficus, et pour le reste (métal, plastique, tetra-brick), ce sera un citronnier.

Orangers, hortensias, citronniers et ficus vont alors décorer nos rues et, avec ce programme, la ville pense peut-être gagner cette fois-ci le premier prix de la plus belle ville fleurie de Belgique.

Déchets : matières qu'on jette à la poubelle
Foyer : lieu de résidence

1. Cet article est extrait…

- ☐ d'une brochure de publicité.
- ☐ d'un livre sur l'écologie.
- ☐ d'un journal régional.
- ☐ d'un magazine scientifique.

2. La municipalité de Ceynis a décidé de…

- ☐ planter des fleurs et des arbustes.
- ☐ distribuer des fleurs et des arbustes.
- ☐ décorer des poubelles avec des plantes.

3. **Vrai** ou **faux** ? Cochez la case correspondante (**X**) et recopiez la phrase

	VRAI	FAUX
1. La municipalité a gagné un concours. Justification :		
2. Chaque foyer jette 1 kilo de déchets par semaine. Justification :		
3. En proportion, les habitants jettent plus de déchets que le reste de la Belgique. Justification :		
4. On va peindre les poubelles. Justification :		
5. Les gens pourront jeter des restes de pizza dans la poubelle peinte avec un oranger. Justification :		

L'ÉVALUATION DE LA PRODUCTION ÉCRITE

Tout au long des ces unités, nous avons vu les différents types d'épreuves de la production écrite et nous vous avons donné des conseils pour les aborder. Voyons maintenant comment les examinateurs vont évaluer votre travail.

Écriture créative :
- Évaluation pragmatique et sociolinguistique : 54% de la note de cette épreuve.
- Évaluation linguistique : 46% de la note de cette épreuve.

Correspondance :
- Évaluation pragmatique et sociolinguistique : 50% de la note de cette épreuve.
- Évaluation linguistique : 50% de la note de cette épreuve.

✎ Vous devez écrire un texte de 60 à 80 mots. Vous pouvez écrire plus, mais vous risquez de faire plus d'erreurs et donc d'être pénalisés.

✎ Pour vous entraîner aux exercices de production écrite, vous pouvez utiliser cette grille d'auto-évaluation (remplissez-la à l'aide de croix).

Pour l'écriture créative :

Capacités pragmatiques et sociolinguistiques	0	0,5	1	1,5	2	2,5	3	3,5	4
1. Respect de la consigne : Peut mettre en adéquation sa production avec la situation proposée. Peut respecter la consigne de longueur minimale indiquée. ✱ Adaptez votre écrit à l'instruction (situation et longueur) et lisez bien la consigne pour éviter de traiter un autre sujet. Comptez correctement les mots.									
2. Capacité à raconter et décrire : Peut décrire de manière simple des aspects quotidiens de son environnement (gens, choses, lieux) et des événements, des activités passées, des expériences personnelles. ✱ Écrivez des phrases et des expressions simples. C'est la partie la plus importante de l'exercice.									
3. Capacité à donner des impressions : Peut communiquer sommairement ses impressions et expliquer pourquoi une chose plaît ou déplaît. ✱ Donnez vos impressions positives ou négatives de façon simple.									

Pour la correspondance :

Capacités pragmatiques et sociolinguistiques	0	0,5	1	1,5	2	2,5	3	3,5	4
1. Respect de la consigne : Peut mettre en adéquation sa production avec la situation proposée. Peut respecter la consigne de longueur minimale indiquée. ✱ Adaptez votre écrit à l'instruction (situation et longueur) et lisez bien la consigne pour éviter de traiter un autre sujet. Surtout, comptez correctement les mots.									
2. Correction sociolinguistique : Peut utiliser les registres de langue en adéquation avec le destinataire et le contexte. Peut utiliser les formes courantes de l'accueil et de la prise de congé. ✱ Adaptez votre texte au destinataire ou au contexte (vocabulaire, expressions, **tu/vous**) et utilisez les formes courantes des salutations d'accueil (début de l'écrit) et de prise de congé (fin de l'écrit).									
3. Capacité à interagir : Peut écrire une lettre personnelle simple pour exprimer des remerciements, des excuses, des propositions, etc. ✱ C'est la partie la plus importante de l'exercice.									

Capacités linguistiques	0	0,5	1	1,5	2	2,5	3	3,5	4
1. Lexique/orthographe : Peut utiliser un répertoire élémentaire de mots et d'expressions relatifs à la situation proposée. Peut écrire avec une relative exactitude phonétique, mais pas forcément orthographique. ✱ Vous pouvez commettre des fautes d'orthographe, mais ce que vous avez écrit doit pouvoir se prononcer correctement.									
2. Morphosyntaxe/orthographe grammaticale : Peut utiliser des structures et des formes grammaticales simples relatives à la situation donnée, mais commet encore systématiquement des erreurs élémentaires. ✱ Vous pouvez commettre des fautes qui correspondent à un niveau inférieur. Faites simplement attention à ce qu'elles ne perturbent pas trop la communication.									
3. Cohérence et cohésion : Peut produire un texte simple et cohérent. Peut relier des énoncés avec les articulations les plus fréquentes. ✱ Faites des phrases et textes simples, mais reliez bien vos phrases avec les articulations les plus courantes (**et, alors, parce que, mais**, etc.)									

■ **Exercice 1**

Vous avez assisté à une fête dans votre ville. Décrivez à votre meilleur/e ami/e ce que vous avez fait. Écrivez un texte de 60 à 80 mots.

■ **Exercice 2**

Vous avez reçu ce courriel.

	Nouveau message	

Envoyer Discussion Joindre Adresses Polices Couleurs Enr. brouillon

De :

À :

Sujet : Petits chats à donner

Signature : Aucune

Salut,

La semaine dernière ma chatte Minette a eu 4 chatons. Ils sont adorables. Trois sont de couleur noire et le dernier est de couleur grise. Comme j'ai déjà Minette, je ne peux pas les garder. Tu veux un chaton ? Ça me ferait très plaisir de te donner un bébé de Minette.

Réponds-moi vite.

Bises,

Vanessa

Vous répondez à Vanessa en la remerciant de sa proposition, mais vous ne pouvez pas accepter. Vous lui dites qu'un autre de vos amis est intéressé (60 à 80 mots).

L'ÉVALUATION DE L'ENTRETIEN DIRIGÉ ET DE L'EXERCICE EN INTERACTION

> Tout au long des ces unités, nous avons vu les différents types d'épreuves de la production orale et nous vous avons donné des conseils pour les aborder. Voyons maintenant comment les examinateurs vont évaluer votre travail.

Entretien dirigé

Attention ! Il n'y a pas de préparation pour cet exercice.
• Évaluation pragmatique et sociolinguistique : environ 30% de la note de cette épreuve.
• Évaluation linguistique : environ 70% de la note de cette épreuve.

Exercice en interaction

C'est la troisième partie de la production orale. Réservez cinq minutes pour la préparer.
• Évaluation pragmatique et sociolinguistique : environ 40% de la note de cette épreuve.
• Évaluation linguistique : environ 60% de la note de cette épreuve.

> ✎ Pour vous entraîner, vous pouvez utiliser cette grille d'auto-évaluation (remplissez-la à l'aide de croix).

Entretien dirigé

Capacités pragmatiques et sociolinguistiques	0	0,5	1	1,5	2	2,5	3	3,5	4
1. Peut établir un contact social, se présenter et décrire son environnement familier.									
✱ Au début de l'examen, n'oubliez pas de saluer et de vous présenter. Ici vous parlerez uniquement de vous.									
2. Peut répondre et réagir à des questions simples. Peut gérer une interaction simple.									
✱ Soyez actif ! Vous devez réagir avec une certaine facilité et avoir un peu d'initiative.									

Exercice en interaction

Capacités pragmatiques et sociolinguistiques	0	0,5	1	1,5	2	2,5	3	3,5	4
1. Peut demander et donner des informations dans des transactions simples de la vie quotidienne. Peut faire, accepter ou refuser des propositions.									
✱ Restez simple ; ne compliquez pas trop les situations si vous prenez de l'initiative.									
2. Peut entrer dans des relations sociales simplement mais efficacement, en utilisant les expressions courantes et en suivant les usages de base.									
✱ Dans les situations que vous devrez traiter, n'oubliez pas de saluer la personne qui joue l'autre rôle dans la conversation.									

Capacités linguistiques	0	0,5	1	1,5	2	2,5	3	3,5	4
1. Lexique (étendue et maîtrise) : Peut utiliser un répertoire limité mais adéquat pour gérer des situations courantes de la vie quotidienne. ✱ N'utilisez pas de vocabulaire trop compliqué, mais simplement le vocabulaire de la vie quotidienne.									
2. Morphosyntaxe : Peut utiliser des structures et des formes grammaticales simples. Le sens général reste clair malgré la présence systématique d'erreurs élémentaires. ✱ Soyez simple. Vous pouvez faire des erreurs d'un niveau inférieur, mais l'important c'est qu'on vous comprenne clairement en général.									
3. Maîtrise du système phonologique : Peut s'exprimer de façon suffisamment claire. L'interlocuteur devra parfois faire répéter. ✱ Articulez bien et parlez tranquilement, l'important étant d'être compris/e. N'ayez pas peur si l'examinateur vous demande de répéter ; il est conscient que votre niveau n'est pas très élevé, et il fait cela pour vous aider.									

ENTRAÎNEMENT AU DELF **Partie 4 | Production orale**

■ **Entretien dirigé**

Présentez-vous, puis répondez aux questions suivantes. Vous pouvez vous entraîner avec un/e camarade. L'un joue le rôle de l'examinateur et l'autre du candidat, puis inversez les rôles.

Qu'est-ce que vous avez fait pendant vos dernières vacances ?

Où habitez-vous ? Décrivez votre ville.

Quelle est votre fête préférée ? Décrivez-la.

Quel est votre animal préféré et pourquoi ?

Parlez d'un animal domestique que vous connaissez (le vôtre ou celui d'un membre de la famille, d'un voisin…)

■ **Exercice en interaction**

Vous devez mettre au point avec un ami la visite d'une ville. Décidez avec qui d'autre vous voulez partir, avec quel moyen de transport et à quelle époque de l'année. Ensuite, décidez de ce que vous voulez faire dans cette ville.

Examens

Partie 1
COMPRÉHENSION DE L'ORAL
25 points

Vous allez entendre 4 enregistrements, correspondant à 4 documents différents.
Pour chaque document, vous aurez :
- *30 secondes pour lire les questions ;*
- *une première écoute, puis 30 secondes de pause pour commencer à répondre aux questions ;*
- *une deuxième écoute, puis 30 secondes de pause pour compléter vos réponses.*
Répondez aux questions en cochant (X) la bonne réponse, ou en écrivant l'information demandée.

■ Exercice 1   *5 points*

Piste)37
Première partie de l'enregistrement :

1. Vous téléphonez au cinéma « Eldorado » et vous entendez le message suivant sur
le répondeur. Sur quelle touche appuyez-vous pour acheter des places pour un film ?   *1 point*

Touche n° ....

Piste)38
Deuxième partie de l'enregistrement :

2. La séance supplémentaire du film « Les aventures de Max » est projetée tous les jours.   *2 points*

☐ Vrai
☐ Faux
☐ On ne sait pas.

3. La première séance commence à deux heures de l'après-midi.   *2 points*

☐ Vrai
☐ Faux
☐ On ne sait pas.

Piste)39
■ Exercice 2   *8 points*

1. Vous venez d'entendre...

☐ une publicité.
☐ la présentation d'un débat de radio.
☐ la présentation d'un journal.

2. Le thème principal de ce document est...

☐ a   ☐ b   ☐ c

3. Dans ce document on parle de combien de personnes ?

- ☐ 55
- ☐ 155
- ☐ 255
- ☐ 555

4. On a rétabli le contact...

- ☐ vers 10h.
- ☐ vers 12h.
- ☐ vers 2h.

■ Exercice 3

Piste)40

12 points

Vrai, faux, on ne sait pas ? Cochez la case correspondante.

	VRAI	FAUX	ON NE SAIT PAS
1. La conversation a déjà commencé. **Justification :**			
2. Ce n'est pas la première fois que l'homme appelle. **Justification :**			
3. Le magasin est spécialisé en matériel informatique et Internet. **Justification :**			
4. Le son de la télévision ne fonctionne pas bien. **Justification :**			
5. Un technicien va venir réparer l'ordinateur. **Justification :**			
6. L'homme ne sera pas chez lui dans l'après-midi. **Justification :**			

Partie 2
COMPRÉHENSION DES ÉCRITS
25 points

■ **Exercice 1**   *6 points*

RÈGLEMENT INTÉRIEUR DE L'ÉTABLISSEMENT

Les élèves devront signer ce document après l'avoir lu et compris.

A Il est formellement interdit de fumer dans et aux abords de l'établissement.

B Les élèves devront porter une tenue correcte. Ils ne pourront pas, **notamment,** porter des sous-vêtements de façon visible.

C Les élèves devront avoir une tenue spécialement réservée aux activités sportives et qui devra obligatoirement comprendre une paire de chaussures (baskets ou tennis), un short, un maillot de sport, des chaussettes. Ils devront apporter cette tenue dans un sac réservé à cet effet, ainsi qu'une serviette de toilette.

D Les appareils électroniques, baladeurs et autres lecteurs électroniques ou numériques, sont formellement interdits.

E Les élèves devront à tout moment faire preuve d'une attitude respectueuse entre eux et envers les adultes de l'établissement (personnel enseignant, personnel de service, direction...)

F Tout dégradation causée par les élèves sera à leur charge. Il leur est demandé de respecter les installations de l'établissement, notamment en n'écrivant pas sur les murs ou sur les portes.

G Les jeux de ballons sont autorisés pendant les heures de récréation dans les espaces réservés à cet effet.

H Les téléphones portables devront être éteints. Les appareils photo numériques sont interdits dans l'ensemble de l'établissement, sauf autorisation préalable (excursion ou événement spécifique du collège)

I (...)

LE NON-RESPECT DE CE RÈGLEMENT POURRA ENTRAÎNER DES SANCTIONS POUVANT ALLER JUSQU'À L'EXPULSION.

Pour les phrases 1 à 5, indiquez dans le tableau la lettre correspondante.

1. Je veux savoir si je peux écouter de la musique pendant la récréation.	
2. Je veux savoir si je peux me présenter directement en tenue de sport les jours où j'ai EPS*.	
3. Je veux savoir si j'ai le droit d'entrer avec mon téléphone portable dans le collège.	
4. Je veux savoir comment je dois m'habiller au quotidien dans le collège.	
5. Je veux savoir si je peux apporter mon ballon de foot au collège.	

EPS : Éducation Physique et Sportive

■ Exercice 2

Lisez chaque titre et inscrivez le chiffre qui lui correspond dans la rubrique appropriée :
culture, cinéma, politique, mode, médias, sport.

1 UN RÉALISATEUR THAÏLANDAIS
GAGNE LA PALME D'OR CETTE ANNÉE

2 LES PREMIÈRES VICTOIRES DES FRANÇAIS EN TENNIS
SONT RESTÉES SANS SUITE

3 LE MINISTÈRE DE L'ÉDUCATION ANNONCE L'ENTRÉE
DU NUMÉRIQUE DANS LES SALLES DE CLASSE

4 Les contes et les romans d'Halloween envahissent les rayons
des librairies pour la Toussaint

5 Nouvelle tendance en coiffure : mèches crantées
et dégradés déstructurés façon seventies

6 LES JOURNAUX ANNONCENT QUE LEUR VERSION EN LIGNE SERA PAYANTE

Culture	Cinéma	Politique	Mode	Médias	Sport

■ **Exercice 3**   *9,5 points*

Vous venez de recevoir ce message sur votre ordinateur. Répondez aux questions.

ÉDIMBOURG : MUSIQUE ET CULTURE SE MÉLANGENT

La ville écossaise sort de sa routine et retrouve ses rêves d'enfant. En effet, le festival international du conte aura lieu dans la première ville UNESCO de littérature du 20 au 27 octobre et accueillera les conteurs du monde entier.

Téléchargez dès maintenant le programme sur notre site www.ecossevoyage.com. Vous pourrez aussi réserver votre place sur nos vols charter spécialement affrétés pour le festival. Nous vous offrons un pack complet avion-hôtel à partir de 490 € par personne et des possibilités d'excursions en bus dans la zone des grands lacs. N'hésitez pas plus longtemps : cliquez ici pour faire votre réservation.
Le monde magique de l'Écosse vous attend. Allez y retrouver vos rêves d'enfant !

1. Il s'agit...   *2 points*

☐ d'un message amical.
☐ d'une publicité.
☐ d'un article de presse.

2. Qu'est-ce que ce message annonce ?   *2 points*

☐ La création d'un nouveau site d'internet.
☐ L'ouverture d'une agence de voyage.
☐ Un événement culturel.

3. Il est possible d'acheter en même temps un billet d'avion et des nuits à l'hôtel.   *2,5 points*

☐ Vrai
☐ Faux

Justifiez votre réponse en citant une phrase du texte :

....

....

4. Si vous cliquez au deuxième emplacement indiqué, qu'est-ce que vous pouvez faire ?   *2,5 points*

....

....

....

Partie 3
PRODUCTION ÉCRITE
25 points

■ Exercice 1

13 points

Un de vos amis français est venu passer la journée avec vous pendant ses vacances dans votre pays. Vous racontez dans un courriel à vos autres amis français ce que vous avez fait avec lui pendant cette journée et vous donnez vos impressions. (60 à 80 mots).

....

....

....

....

....

....

....

....

....

....

....

....

■ **Exercice 2**   *12 points*

Vous avez reçu ce courriel de votre correspondant en France.

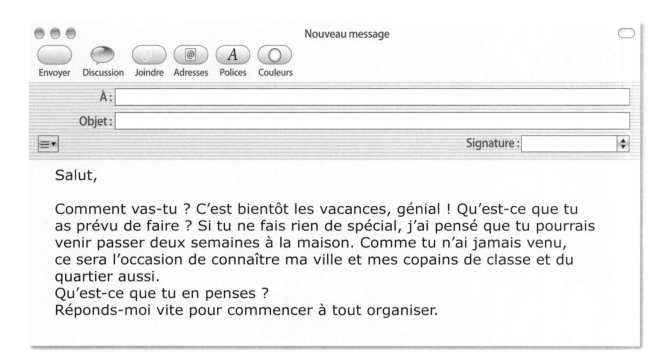

Salut,

Comment vas-tu ? C'est bientôt les vacances, génial ! Qu'est-ce que tu as prévu de faire ? Si tu ne fais rien de spécial, j'ai pensé que tu pourrais venir passer deux semaines à la maison. Comme tu n'ai jamais venu, ce sera l'occasion de connaître ma ville et mes copains de classe et du quartier aussi.
Qu'est-ce que tu en penses ?
Réponds-moi vite pour commencer à tout organiser.

Ce courriel vous fait très plaisir mais vous ne pouvez pas y aller. Répondez pour remercier et proposer autre chose pour les vacances. (60 à 80 mots)

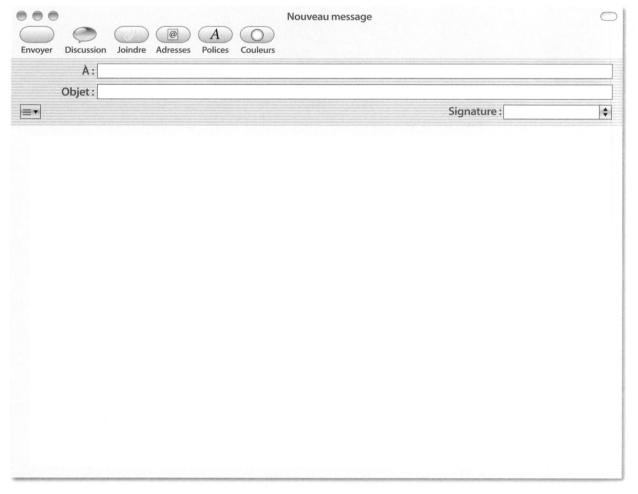

Partie 3
PRODUCTION ORALE
25 points

Vous disposez de 10 minutes de préparation pour les parties 2 et 3.

■ Entretien dirigé   *(1 minute 30 environ)*

Présentez-vous en parlant de votre famille, votre profession, vos goûts, etc. L'examinateur vous pose des questions supplémentaires sur les mêmes sujets.

Entraînez-vous avec votre professeur ou avec un/e de vos camarades.

■ Monologue suivi   *(2 minutes)*

Parlez de vos études, de ce que vous aimez, ce que vous n'aimez pas dans vos études et ce que vous voudriez faire plus tard.

Répondez aux questions de l'examinateur.

Entraînez-vous avec votre professeur ou un/e de vos camarades.

■ Exercice en interaction   *(3 ou 5 minutes environ)*

Vous allez au cinéma avec un ami. Vous vous mettez d'accord sur le film que vous allez voir, l'heure du rendez-vous et ce que vous ferez après.

PROGRAMME DU CINÉMA « GAUMONT »
Semaine du 17 novembre 2010

TITRE	GENRE	SÉANCES			
Alice au pays des merveilles	Fantastique	14h	16h30	20h	22h30
Avatar 2	Science-fiction	13h50	16h30	19h40	22h20
La rafle	Drame et historique	13h40	15h50	18h	20h10
Shutter Island	Thirller	13h40	15h40	17h40	----
Fleur du désert	Biopic	13h30	15h45	18h	20h15

Partie 1
COMPRÉHENSION DE L'ORAL
25 points
■

Vous allez entendre 4 enregistrements, correspondant à 4 documents différents.
Pour chaque document, vous aurez :
- *30 secondes pour lire les questions ;*
- *une première écoute, puis 30 secondes de pause pour commencer à répondre aux questions ;*
- *une deuxième écoute, puis 30 secondes de pause pour compléter vos réponses.*
Répondez aux questions en cochant (X) la bonne réponse, ou en écrivant l'information demandée.

■ Exercice 1   *5 points*

Première partie de l'enregistrement :
Piste 41

1. Vous êtes en train d'organiser vos vacances. Vous téléphonez à « Allô Jeunes ».
Sur quelle touche devez-vous appuyer pour obtenir des renseignements ?   *1 point*

Touche n° ....

Deuxième partie de l'enregistrement :
Piste 42

2. Vous voulez obtenir des renseignements du service « Aide-Ados ».   *2 points*

☐ Vrai
☐ Faux
☐ On ne sait pas.

3. Pour obtenir les services d' « Aide-Ados », vous devez laisser vos coordonnées
et avoir une autorisation parentale.   *2 points*

☐ Vrai
☐ Faux
☐ On ne sait pas.

■ Exercice 2   *8 points*
Piste 43

1. Vous venez d'entendre...

☐ un extrait d'une émission de radio
☐ une annonce sur un répondeur.
☐ un extrait d'un débat télévisé.

2. Quel est le thème principal de ce document ?

☐ a   ☐ b   ☐ c

3. Le présentateur se demande si la société devient plus...

☐ égoïste.
☐ féminine.
☐ stéréotypée.
☐ masculine.

4. Le nombre d'invités (à part le présentateur) est...

☐ deux.
☐ trois.
☐ quatre.

■ Exercice 3

Piste 44

12 points

Vrai, faux, on ne sait pas ? Cochez la case correspondante.

	VRAI	FAUX	ON NE SAIT PAS
1. La personne qui téléphone veut renouveler son ancien passeport. Justification :			
2. On lui demande une facture pour justifier son adresse. Justification :			
3. On lui demande trois photos parfaitement identiques. Justification :			
4. Elle doit porter un timbre poste. Justification :			
5. Elle pourra avoir son passeport dans un délai de trois semaines ou plus. Justification :			
6. La personne qui téléphone doit partir en voyage dans deux semaines. Justification :			

■

Partie 2
COMPRÉHENSION DES ÉCRITS
25 points

■

■ **Exercice 1**   *6 points*

RÈGLES DU « JEU DES SEPT FAMILLES »

A	Distribuez sept cartes à chaque joueur. Le joueur placé à gauche de la personne qui a distribué commence.
B	Pour compléter votre famille, désignez d'abord une personne parmi les joueurs.
C	Demandez à ce joueur un membre de la famille que vous n'avez pas. Ne demandez pas une carte que vous avez déjà.
D	Quand vous demandez une carte, dites « Dans la famille ..., je veux... »
E	Si cette personne a la carte, prenez sa carte et rejouez.
F	Si cette personne n'a pas la carte, piochez une carte.
G	Si la carte de la pioche est celle que vous vouliez, dites « bonne pioche » et rejouez.
H	Si la carte de la pioche est mauvaise, ne rejouez pas. Passez votre tour à une autre personne.
I	Quand vous avez complété votre famille, vous avez gagné.

Pour les phrases 1 à 6, indiquez dans le tableau la lettre correspondante.

1. Il faut dire cette formule quand on veut demander une carte.	
2. On ne doit pas rejouer si on ne pioche pas une bonne carte.	
3. On doit commencer la partie de cette façon.	
4. Il faut demander une carte différente de celles qu'on a.	
5. Il faut suivre cette instruction si on pioche une bonne carte.	
6. On doit donner 7 cartes à chacune des personnes qui participent.	

Lisez le texte, puis répondez aux questions.

Dossier rentrée – octobre 2010   **Le Figaro Étudiant**

PAROLES D'ÉTUDIANTS
La cohabitation façon « Auberge espagnole »

Aujourd'hui, un Français sur cinq âgé de 15 à 44 ans (20 %) a déjà vécu, vit ou souhaite vivre en coloc, c'est à dire partager un appartement avec d'autres personnes. Les raisons ? Financières, bien sûr. L'effet « Friends » et/ou « Auberge espagnole », sans doute aussi. Mais selon les étudiants rencontrés, le mythe de la coloc style international, avec ses petits événements tragi-comiques comme on peut les trouver dans le film, s'oppose à une réalité qui n'est pas toujours aussi facile qu'on le croit.

De l'indifférence polie – chacun sa chambre, son emploi du temps, ses amis et pas de réels échanges – à l'entente cordiale – fiesta, ouverture aux autres cultures, apprentissage des langues, ambiance de petite famille re-constituée et belles amitiés à la clé – les colocs ont en général vécu une cohabitation sans nuages* et en redemandent.

 Mais il y a des exceptions !

Julien a fait face pendant six mois aux crises de nerfs de sa coloc qui cassait tout dans la cuisine, Anne-Sophie a supporté une coloc très sympa qui aimait les fêtes mais pas le nettoyage et tardait ou oubliait de payer son loyer*. Malgré ces problèmes, tous affirment que l'expérience a été bénéfique et que la colocation est un système positif qui fonctionne pour eux. Des expériences qui nous montrent que tout n'est pas toujours rose comme au cinéma, mais que l'expérience vaut la peine d'être vécue.

---

sans nuages : sans problème
loyer : somme d'argent qu'on
      paie chaque mois pour
      vivre dans un appartement

---

1. Ce texte est extrait d'un magazine ...   *1 point*

☐ pour étudiants.
☐ féminin.
☐ d'actualité.

2. Selon certains étudiants rencontrés, la colocation est...   *1 point*

☐ plus difficile qu'on le pense.
☐ plus facile qu'on le pense.
☐ moins difficile qu'on le pense.

3. Cochez la colonne **vrai** ou **faux**. Justifiez votre réponse en citant une phrase ou une expression du texte.

7,5 points

	VRAI	FAUX
1. La majorité des jeunes Français a déjà vécu la colocation. Justification :		
2. Les principales raisons pour vouloir partager un appartement sont financières. Justification :		
3. Certains films ou séries télévisées ont participé au phénomène de la colocation. Justification :		
4. Dans certains cas, les colocations favorisent les échanges linguistiques. Justification :		
5. Les personnes qui ont eu de mauvaises expériences de colocation pensent que c'est un bon système de vie. Justification :		

■ Exercice 3

9,5 points

Lisez le texte, puis répondez aux questions.

vivelescolos.com

3 048 Colonies de vacances, camps et centres de vacances pour enfants et adolescents.
10 905 Centres de vacances et structures d'hébergement à louer pour groupes
Camp de vacances pour adolescents STAGE PLONGÉE SOUS MARINE (FORMATION NIV. I)
Pour les 14 - 17ans   Prix : 1 199 Euros

Dans les fonds marins d'exception du Cap corse, votre enfant découvrira la vie sous-marine et les techniques requises pour pratiquer la plongée. Le stage Niveau 1 commencera par la connaissance des principes de base de plongée sous-marine. Les plongées d'initiation, puis de perfectionnement permettront à chacun d'évoluer selon son rythme. Pendant le séjour, les jeunes pourront effectuer un bivouac pour découvrir les magnifiques paysages de la Corse. D'autres activités pourront être organisées par l'équipe d'animation et les jeunes. Les jeunes pourront aussi découvrir la culture et la gastronomie corses.

LIEU DU SÉJOUR :	CAP CORSE
HÉBERGEMENT :	Le groupe est accueilli dans un camping à 200 mètres de la mer. Hébergement sous tente igloo de 3 à 4 places maximum.
MODE DE VIE :	Les repas sont assurés par l'équipe d'animation et les jeunes ; participation des jeunes à la vie collective.
EFFECTIFS :	24 enfants
MOYENS DE TRANSPORT :	SCNF + CAR DE TOURISME + FERRY
ORGANISATEUR :	VACANCES ENSEMBLE - **44200 NANTES** - Téléphone : 0240569840

Pour en savoir plus sur cet organisateur et découvrir ses autres séjours pour enfants et adolescents,

CLIQUEZ ICI

1. De quel type de document s'agit-il ?   0,5 point

- ☐ Un article de presse.
- ☐ Un extrait de livre.
- ☐ Une publicité.

2. Le stage proposé s'adresse...   1 point

- ☐ aux moins de 14 ans.
- ☐ aux plus de 14 ans.
- ☐ aux plus de 17 ans.

3. Il faut avoir des connaissances préalables pour pouvoir participer à ce stage.   1,5 point

- ☐ Vrai
- ☐ Faux

Citez un passage du document pour justifier votre réponse :

....

4. Pour aller sur le lieu du séjour, il faut prendre trois véhicules différents.   1 point

- ☐ Vrai
- ☐ Faux

5. Comment les enfants seront-ils logés ?   1,5 point

....

6. Le stage proposé a pour thème...   1 point

- ☐ le folklore et les traditions
- ☐ l'histoire et les légendes
- ☐ la nature et les paysages
- ☐ la pratique de la voile
- ☐ les spécialités culinaires

7. Pour aller sur le lieu du séjour, il faut prendre trois véhicules différents.   1,5 point

- ☐ Vrai
- ☐ Faux

Citez un passage du document pour justifier votre réponse :

....

8. Quel(s) renseignement(s) obtient-on en cliquant sur l'endroit indiqué ?   1,5 point

....

Partie 3
PRODUCTION ÉCRITE
25 points

■ Exercice 1

13 points

Vous venez de rentrer d'une semaine de ski dans les Alpes. Vous faites un petit résumé de vos vacances par écrit pour le mettre dans votre album à côté de vos photos. Vous racontez ce que vous avez fait et vos impressions. Écrivez un texte de 60 à 80 mots.

■ Exercice 2

12 points

Vous voulez partir avec vos amis dans un petit village de la côte. Vous écrivez à un/e cousin/e pour demander des renseignements sur l'endroit et les choses à faire. Vous pouvez aussi lui suggérer de vous rencontrer (60 à 80 mots).

Partie 4
PRODUCTION ORALE
25 points

Vous disposez de 10 minutes de préparation pour les parties 2 et 3.

■ **Entretien dirigé**   *(1 minute 30 environ)*

Présentez-vous en parlant de votre famille, votre collège, vos amis, vos goûts, etc.
L'examinateur vous pose des questions supplémentaires sur les mêmes sujets.

Entraînez-vous avec votre professeur ou un/e de vos camarades.

■ **Monologue suivi**   *(2 minutes)*

Répondez aux questions de l'examinateur.

Parlez d'une journée habituelle. Expliquez ce que vous faites, pourquoi, avec qui, ce que vous
aimez et n'aimez pas faire pendant une journée normale.

Entraînez-vous avec votre professeur ou un/e de vos camarades.

■ **Exercice en interaction**   *(3 ou 5 minutes environ)*

Répondez aux questions de l'examinateur.

Organisez un week-end avec des amis/amies dans une autre ville. Vous pouvez décider de la ville
où vous irez, du moyen de transport, de votre hébergement, de ce que vous y ferez.

Partie 1
COMPRÉHENSION DE L'ORAL
25 points

Vous allez entendre 4 enregistrements, correspondant à 4 documents différents.
Pour chaque document, vous aurez :
- *30 secondes pour lire les questions ;*
- *une première écoute, puis 30 secondes de pause pour commencer à répondre aux questions ;*
- *une deuxième écoute, puis 30 secondes de pause pour compléter vos réponses.*

Répondez aux questions en cochant (X) la bonne réponse, ou en écrivant l'information demandée.

■ Exercice 1   *5 points*

Première partie de l'enregistrement : (Piste 45)

1. Pour assister à une émission, il faut...   *1 point*

☐ demander rendez-vous à l'opératrice
☐ taper 1
☐ taper 2

Deuxième partie de l'enregistrement : (Piste 46)

2. Pour participer à une émission, il faut...   *2 points*

☐ laisser un message uniquement sur Internet..
☐ laisser un message uniquement après le bip sonore.
☐ laisser un message sur le Internet ou sur la boîte vocale.

3. C'est Radio djeun'z qui se chargera de téléphoner ou d'envoyer un courriel aux participants   *2 points*

☐ Vrai
☐ Faux
☐ On ne sait pas.

■ Exercice 2   *8 points*
(Piste 47)

1. Vous venez d'entendre...

☐ la fin d'un message diffusé sur haut-parleur.
☐ la fin d'un journal de radio.
☐ la fin d'un débat de radio.

2. Quel est le thème principal de ce document ?

☐ a   ☐ b   ☐ c

3. Il s'agit des élèves...

☐ d'une école.
☐ d'un collège.
☐ d'un lycée.
☐ d'une université.

4. Quelle est la réaction des responsables et des parents d'élèves face à leur demande ?

☐ Négative.
☐ Indifférente.
☐ Assez positive.
☐ Enthousiaste.

■ Exercice 3   *12 points*

Vrai, faux, on ne sait pas ? Cochez la case correspondante.

	VRAI	FAUX	ON NE SAIT PAS
1. La conversation a déjà commencé. **Justification :** _____			
2. Gabriel parle seulement de ses études. **Justification :** _____			
3. Gabriel a passé 5 ans au Mexique. **Justification :** _____			
4. Gabriel a été dans un lycée au Mexique. **Justification :** _____			
5. Gabriel parle le français, l'anglais et l'espagnol. **Justification :** _____			
6. Gabriel travaille en France. **Justification :** _____			

Partie 2
COMPRÉHENSION DES ÉCRITS
25 points

■ **Exercice 1**   *7 points*

MODE D'EMPLOI DE VOTRE CASQUE SANS FIL ARKON 450

a Mettez les piles dans le boîtier du casque.

b Branchez le casque à la base de l'émetteur.

c Branchez l'un des câbles du transformateur à la base émettrice et l'autre au réseau électrique.

d Regardez si le voyant de chargement des piles est rouge. Cela indique que les piles ne sont pas complètement chargées.

e Quand le voyant de chargement des piles est vert, les piles sont chargées.

f Si vous chargez les piles pour la première fois, n'utilisez pas le casque immédiatement et suivez les instructions suivantes :
 • Débranchez le transformateur de la prise électrique.
 • Laissez les piles se décharger complètement.
 • Rebranchez le transformateur pour recharger les piles.
 • Attendez que le voyant devienne vert.

g Débranchez le casque de la base émettrice. Sinon, vous risquez de surcharger les piles.

h Vous pouvez à présent utiliser le casque.

Attention, respectez bien ces instructions avant la première utilisation. Si vous ne les respectez pas, les piles risquent de mal fonctionner et vous devrez les changer fréquemment.

Pour les phrases 1 à 5, indiquez dans le tableau la lettre correspondante.

1. Il ne faut pas utiliser les piles si le voyant est d'une certaine couleur.	
2. Il faut brancher le transformateur par les deux câbles.	
3. Il ne faut pas laisser le casque branché trop longtemps pour que les piles fonctionnent bien.	
4. Il faut mettre les piles dans cette partie de l'appareil.	
5. Il ne faut pas utiliser le casque la première fois qu'on charge les piles.	

■ Exercice 2

6 points

Lisez chaque titre et inscrivez le chiffre qui lui correspond dans la rubrique appropriée.

1

VIOLENTES LUTTES URBAINES
DANS LES CITÉS PARISIENNES
ET LES BANLIEUES
DES MÉTROPOLES FRANÇAISES

2

Après l'éruption de l'Eyjatjöll, les scientifiques s'interrogent sur le réveil des volcans éteints

3

LE CHOC DES TITANS
**RENCONTRE DE RUGBY
USA PERPIGNAN - STADE TOULOUSAIN**

4

VERS UN NOUVEAU BREVET DES COLLÈGES ?

5

SORTIR DE LA CRISE :
LE FMI FAIT PRESSION SUR LA
BANQUE CENTRALE EUROPÉENNE

Société	Culture	Sport	Sciences	Politique	Éducation

■ **Exercice 3**

9 points

Lisez le texte, puis répondez aux questions.

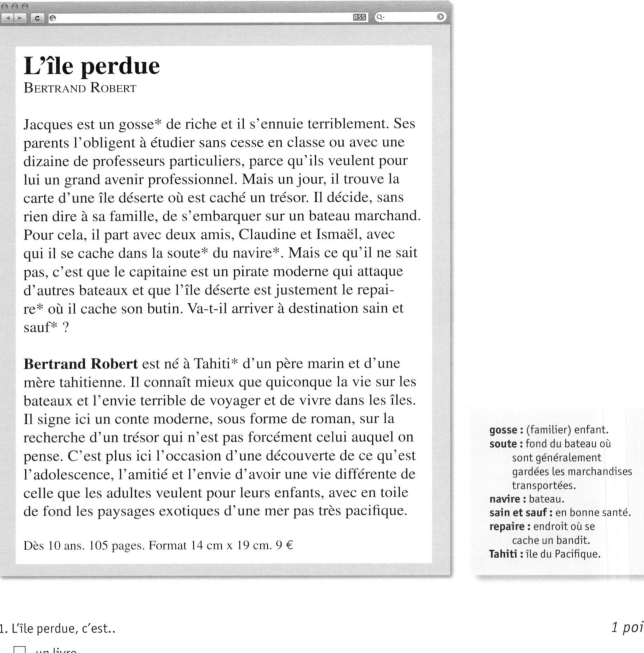

L'île perdue
BERTRAND ROBERT

Jacques est un gosse* de riche et il s'ennuie terriblement. Ses parents l'obligent à étudier sans cesse en classe ou avec une dizaine de professeurs particuliers, parce qu'ils veulent pour lui un grand avenir professionnel. Mais un jour, il trouve la carte d'une île déserte où est caché un trésor. Il décide, sans rien dire à sa famille, de s'embarquer sur un bateau marchand. Pour cela, il part avec deux amis, Claudine et Ismaël, avec qui il se cache dans la soute* du navire*. Mais ce qu'il ne sait pas, c'est que le capitaine est un pirate moderne qui attaque d'autres bateaux et que l'île déserte est justement le repaire* où il cache son butin. Va-t-il arriver à destination sain et sauf* ?

Bertrand Robert est né à Tahiti* d'un père marin et d'une mère tahitienne. Il connaît mieux que quiconque la vie sur les bateaux et l'envie terrible de voyager et de vivre dans les îles. Il signe ici un conte moderne, sous forme de roman, sur la recherche d'un trésor qui n'est pas forcément celui auquel on pense. C'est plus ici l'occasion d'une découverte de ce qu'est l'adolescence, l'amitié et l'envie d'avoir une vie différente de celle que les adultes veulent pour leurs enfants, avec en toile de fond les paysages exotiques d'une mer pas très pacifique.

Dès 10 ans. 105 pages. Format 14 cm x 19 cm. 9 €

gosse : (familier) enfant.
soute : fond du bateau où sont généralement gardées les marchandises transportées.
navire : bateau.
sain et sauf : en bonne santé.
repaire : endroit où se cache un bandit.
Tahiti : île du Pacifique.

1. L'île perdue, c'est..

1 point

- [ ] un livre.
- [ ] un film.
- [ ] un dessin animé.

2. Il est adéquat pour les...

1 point

- [ ] 6-8 ans.
- [ ] 8-10 ans.
- [ ] 10-12 ans.
- [ ] tous ces âges.

3. **Vrai** ou **Faux** ? Comme dans l'exemple, cochez la case correspondante (x) et recopiez la phrase ou la partie de texte qui justifie votre réponse.

10 points

	VRAI	FAUX
Avant de partir en voyage, Jacques a une vie très intéressante **Justification** : « *Jacques s'ennuie* ».		
1. Jacques laisse une note pour avertir ses parents qu'il part. **Justification** :		
2. Jacques part accompagné. **Justification** :		
3. Le capitaine du bateau est une personne honnête. **Justification** :		
4. L'auteur connaît bien le thème des voyages. **Justification** :		
5. Le but de l'auteur est uniquement de parler de pays exotiques. **Justification** :		

Partie 3
PRODUCTION ÉCRITE
25 points

■ **Exercice 1**   *13 points*

Vous êtes allé/e avec votre classe en voyage de fin d'année à Paris. Vous écrivez dans votre journal personnel ce que vous avez fait et vos impressions sur ce premier voyage à l'étranger (60 à 80 mots).

■ **Exercice 2**   *12 points*

Vous voulez vous inscrire à des cours de natation. Vous demandez à un/e ami/e qui a fait de la compétition de natation de vous aider à choisir votre club et vous lui demandez si vous pouvez aller à la piscine ensemble (60 à 80 mots).

Partie 4
PRODUCTION ORALE
25 points

Vous disposez de 10 minutes de préparation pour les parties 2 et 3.

■ Entretien dirigé   *(1 minute 30 environ)*

Présentez-vous en parlant de votre famille, votre profession, vos goûts, etc.
L'examinateur vous posera des questions supplémentaires sur les mêmes sujets.

Entraînez-vous avec votre professeur ou avec un/e de vos camarades.

■ Monologue suivi   *(2 minutes)*

Répondez aux questions de l'examinateur.

Parlez d'un/e ami/e. Racontez votre rencontre.

Entraînez-vous avec votre professeur ou un/e de vos camarades.

■ Exercice en interaction   *(3 ou 5 minutes environ)*

Répondez aux questions de l'examinateur.

Organisez une fête avec un ami : vous pouvez décider du lieu, du jour et de l'heure de la fête,
du thème, de ce que vous allez offrir à manger et à boire, de la décoration, de la musique, etc.

Partie 1
COMPRÉHENSION DE L'ORAL
25 points

Vous allez entendre 4 enregistrements, correspondant à 4 documents différents.
Pour chaque document, vous aurez :
- *30 secondes pour lire les questions ;*
- *une première écoute, puis 30 secondes de pause pour commencer à répondre aux questions ;*
- *une deuxième écoute, puis 30 secondes de pause pour compléter vos réponses.*
Répondez aux questions en cochant (X) la bonne réponse, ou en écrivant l'information demandée.

■ Exercice 1   *5 points*

(Piste) 49 Première partie de l'enregistrement :

1. Vous téléphonez à l'Office de tourisme de Caen et vous entendez le message suivant sur le répondeur.
Sur quelle touche appuyez-vous pour faire une visite guidée de la ville ?   *1 point*

Touche n° ....

(Piste) 50 Deuxième partie de l'enregistrement :

2. Les lycéens...   *2 points*

- ☐ paient 5 euros.
- ☐ paient 4,5 euros.
- ☐ ne paient pas.

3. Pour obtenir des billets, vous devez vous présenter le jour de la visite.   *2 points*

- ☐ Vrai.
- ☐ Faux.
- ☐ On ne sait pas.

(Piste) 51 ■ Exercice 2   *8 points*

1. Vous venez d'entendre...

- ☐ une publicité à la radio.
- ☐ un message sur répondeur téléphonique.
- ☐ une conversation à la radio.

2. Le thème principal de ce document est :

☐ a	☐ b	☐ c

3. Vous pouvez trouver près d'ici…

- ☐ la gare du Nord.
- ☐ la piscine Pontoise.
- ☐ la Conciergerie.

4. On peut écouter du jazz…

- ☐ le week-end.
- ☐ pendant la semaine.
- ☐ On ne sait pas.

■ Exercice 3

Piste 52

12 points

Vrai, faux, on ne sait pas ? Cochez la case correspondante.

	VRAI	FAUX	ON NE SAIT PAS
1. La conversation a déjà commencé. **Justification :**			
2. Les parents d'Élodie ne seront pas là le jour de la fête. **Justification :**			
3. Florence propose une robe des années 60 à Élodie. **Justification :**			
4. Gabriel a été dans un lycée au Mexique. **Justification :**			
5. Elles vont chercher des informations sur Internet. **Justification :**			
6. À la fin de la conversation, elles rentrent chacune chez elles. **Justification :**			

Partie 2
COMPRÉHENSION DES ÉCRITS
25 points

■ **Exercice 1**   *6 points*

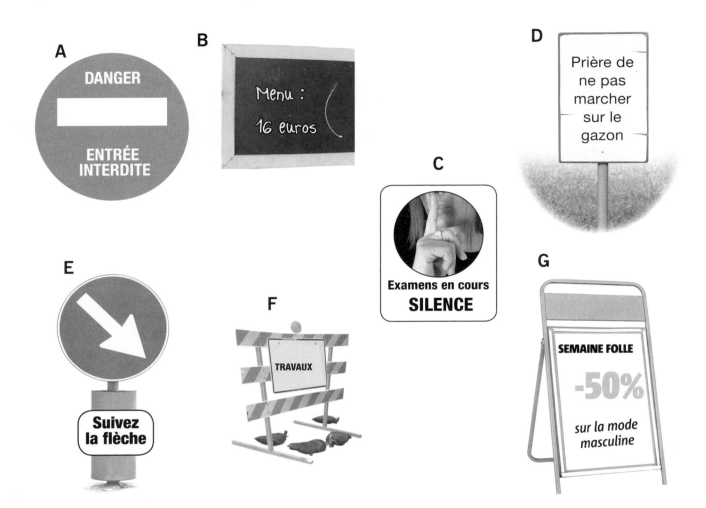

A DANGER ENTRÉE INTERDITE

B Menu : 16 euros

C Examens en cours SILENCE

D Prière de ne pas marcher sur le gazon

E Suivez la flèche

F TRAVAUX

G SEMAINE FOLLE -50% sur la mode masculine

Pour les phrases 1 à 5, indiquez dans le tableau la lettre correspondant.

1. On peut acheter une chemise à moitié prix.	
2. On peut manger pour seize euros.	
3. Il ne faut pas parler à la personne qui conduit.	
4. Il ne faut pas parler.	
5. On ne peut pas aller sur l'herbe.	

Lisez le texte, puis répondez aux questions.

03.05.10

UN ZOO QUI BOUGE

Le zoo de Thairie dans la banlieue parisienne se sentait un peu à l'étroit dans ses 12 hectares. Alors la mairie de Thairie et le zoo ont décidé de déplacer le zoo à quelques kilomètres de là, sur un site plus grand de la commune de Vilcabane. L'un des problèmes posés par ce changement était de savoir comment déplacer tous les animaux sans qu'ils se sentent dépaysés*. La solution a été de reconstruire une grande partie du zoo à l'identique. Ainsi, les animaux se sentent comme chez eux mais peuvent aussi découvrir de nouveaux terrains.

Pour transporter tous les animaux, il a fallu organiser plus de 80 voyages. Tout s'est plutôt bien passé, sauf pour Marmat, un éléphant indien, qui est devenu furieux et a provoqué une bagarre* dans un des camions. Résultat : le camion s'est renversé*, avec tous les éléphants à bord. Une éléphante s'est tordu une patte, mais elle s'est remise de ses blessures et va très bien.

Vous pouvez venir découvrir le nouveau zoo, qui s'appelle zoo de Thairy-Vilcabane, depuis le 1er mai. Les entrées sont à demi-tarif pendant tout le mois.

dépaysés : perdus
bagarre : lutte
renversé : tombé sur le côté ou sur le dos

1. Ce texte vient...

☐ d'un site Internet
☐ d'un journal papier
☐ d'une brochure touristique

2. Le zoo est...

☐ uniquement d'animaux marins.
☐ uniquement d'animaux terrestres.
☐ d'animaux marins et terrestres.
☐ On ne sait pas.

3. **Vrai** ou **faux** ? Comme dans l'exemple, cochez la case correspondante (x) et recopiez la phrase ou la partie de texte qui justifie votre réponse.

	VRAI	FAUX
L'ancien zoo faisait 12 hectares. Justification : *« Le zoo de Thairie dans la banlieue parisienne se sentait un peu à l'étroit dans ses 12 hectares ».*		
1. Le nouveau zoo est plus grand que l'ancien. Justification :		
2. Le nouveau zoo a été construit en partie comme l'ancien. Justification :		
3. Il a fallu plus d'une centaine de voyages pour déménager les animaux. Justification :		
4. Une éléphante a été blessée. Justification :		
5. Le déménagement s'est en général bien passé. Justification :		

■ **Exercice 3**   *9 points*

Lisez le texte, puis répondez aux questions.

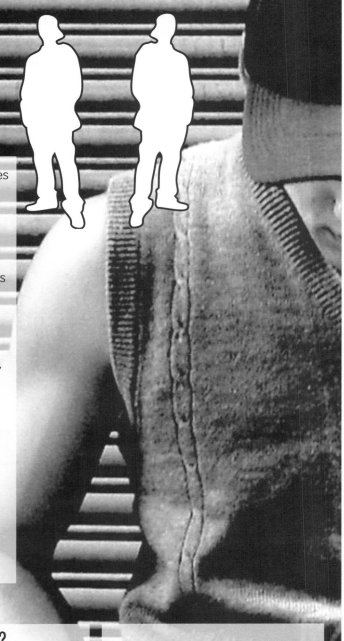

UNIVERSATILE

Découvrez et feuilletez en ligne une vingtaine de pages de notre dernier numéro, avec entre autres au sommaire :

Radjan, la chanteuse rap qui monte.

Orientation : trouver les bonnes écoles pour les bonnes études.

Je pars où avec mon copain ou ma copine cet été ?

UNIVERSATILE. Le magazine mensuel des jeunes qui veulent tout SAVOIR.
De 15 à 25 ans

Découvrez-vous dans votre univers.
Vous vous cherchez encore beaucoup et vous voulez connaître un peu mieux le monde qui vous entoure.

UNIVERSATILE est votre magazine !

Orientez-vous dans l'univers.
Vous voulez trouver quel métier vous voulez faire, les études qu'il **faut faire** pour ça et avoir plein de recettes pour bien les réussir.

UNIVERSATILE est votre magazine !

Connaissez d'autres univers.
Vous aimez sortir, voyager, vous cultiver…

UNIVERSATILE est votre magazine !

Contactez-nous à :
toutsavoir@universatile.com
ou visitez notre site Internet :
http://www.universatile.com

Tu veux t'abonner à UNIVERSATILE ?
UNIVERSATILE : 73,35 € au lieu de ~~86,30 €~~

Tu peux aussi t'abonner à notre nouvelle revue **Méline**, la revue pour les filles malines.

UNIVERSATILE + Méline : 105,20 € au lieu de ~~123,80 €~~

Choisissez la zone de livraison :
- ❑ France métropolitaine
- ❑ Belgique, Luxembourg et Suisse
- ❑ Autres pays de l'UE
- ❑ Reste du monde

1. Ce document est ...   *1 point*

☐ une publicité pour un magazine.
☐ la première page d'un magazine.
☐ un article critique de magazine.

2. À quel public « Universatile » est-il destiné ?   *1,5 point*

☐ Jeunes enfants.
☐ Jeunes adolescents.
☐ Grands adolescents et jeunes adultes.

Citez un passage du document pour justifier votre réponse :

....

....

3. Le magazine « Universatile » peut uniquement être expédié en Europe.   *1 point*

☐ Vrai
☐ Faux
☐ On ne sait pas.

4. On peut s'abonner à deux magazines.   *1 point*

☐ Vrai
☐ Faux
☐ On ne sait pas.

5. Il est possible de consulter un exemplaire entier du magazine sur Internet.   *1 point*

☐ Vrai
☐ Faux
☐ On ne sait pas.

6. « Universatile » paraît...   *1 point*

☐ toutes les semaines.
☐ deux fois par mois.
☐ tous les mois.

7. D'après ce document, que peut-on faire quand on est lecteur d' « Universatile » ?
(Il y a plusieurs bonnes réponses)   *1,5 point*

☐ Communiquer avec des journalistes du magazine.
☐ Jouer et gagner des prix.
☐ Trouver des informations sur ses études.
☐ Trouver des idées pour faire des voyages.
☐ S'inscrire à des voyages organisés.
☐ Participer à des forums sur internet.

8. Où peut-on trouver d'autres informations sur « Universatile »?   *1,5 point*

....

....

Partie 3
PRODUCTION ÉCRITE

25 points

■ Exercice 1

13 points

Vous écrivez un courriel à un/e ami/e pour lui raconter votre journée avec vos camarades de classe. Écrivez un texte de 60 à 80 mots.

■ Exercice 2

12 points

Vous avez reçu ce courriel.

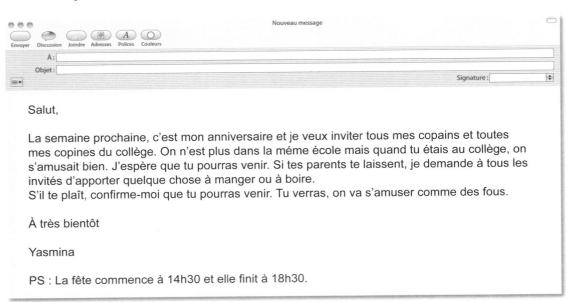

Salut,

La semaine prochaine, c'est mon anniversaire et je veux inviter tous mes copains et toutes mes copines du collège. On n'est plus dans la même école mais quand tu étais au collège, on s'amusait bien. J'espère que tu pourras venir. Si tes parents te laissent, je demande à tous les invités d'apporter quelque chose à manger ou à boire.
S'il te plaît, confirme-moi que tu pourras venir. Tu verras, on va s'amuser comme des fous.

À très bientôt

Yasmina

PS : La fête commence à 14h30 et elle finit à 18h30.

Vous répondez à Yasmina. Vous la remerciez et acceptez son invitation (60 à 80 mots).

Partie 4
PRODUCTION ORALE
25 points

Vous disposez de 10 minutes de préparation pour les parties 2 et 3.

■ Entretien dirigé   *(1 minute 30 environ)*

Présentez-vous en parlant de votre famille, votre profession, vos goûts, etc.
L'examinateur vous posera des questions supplémentaires sur les mêmes sujets.

Entraînez-vous avec votre professeur ou avec un/e de vos camarades.

■ Monologue suivi   *(2 minutes)*

Répondez aux questions de l'examinateur.

Parlez de votre plat préféré.

Entraînez-vous avec votre professeur ou un/e de vos camarades.

■ Exercice en interaction   *(3 ou 5 minutes environ)*

Répondez aux questions de l'examinateur.

Vous parlez avec l'un de vos parents de vos projets d'avenir. Vous lui dites ce que vous voulez
faire et pourquoi. Et vous voulez connaître son avis.

En route vers... le DELF A2 scolaire et junior

Auteurs
Emmanuel Godard, Philippe Liria, Jean-Paul Sigé

Révision pédagogique
Marie-Laure Lions-Oliviéri

Coordination éditoriale
Ester Lázaro

Conception graphique et couverture
Luis Luján

Mise en page
Asensio S.C.P.

Illustration
David Revilla

Photographies et images
Couverture Michael Flippo/Dreamstime.com ; **Unité 1** p. 5 García Ortega ; p. 6 Jason Stitt/Dreamstime.com ; p. 8 García Ortega ; p. 10 Spfotocz/Dreamstime.com ; p. 11 Harrison Keely/sxc.hu ; p. 12 Hector Landaeta/sxc.hu, Lavinia Marin/sxc.hu ; p. 16 Emmanuel Wuyts/sxc.hu, Allen R/sxc.hu, eisenbahner/flickr ; p.22 García Ortega ; **Unité 2** p . 23 García Ortega ; p. 24 Ton Koldewijn/sxc.hu, García Ortega ; p. 26 Peter de Jong/sxc.hu ; p. 27 Emmanuel Wuyts/sxc.hu ; p.30 Antony Ruggiero/sxc.hu ; p.35 Rodrigo Flor/sxc.hu, Jean Scheijen/sxc.hu, García Ortega ; p. 39 Iwka/Dreamstime.com ; **Unité 3** p . 41 García Ortega ; p. 44 García Ortega, Annworthy/dreamstime.com, Shawn Sue Roberts/dreamstime.com ; p. 46 García Ortega ; p. 51 Lize Rixt/sxc.hu, Katarzyna Lipinska/sxc.hu, James Farmer/sxc.hu ; p. 52 Nyul/dreamstime.com, Sebastian Czapnik/dreamstime.com, Sebastian Czapnik/dreamstime.com ; p. 54 Daniel Taeger/dreamstime.com ; p. 55 valentina gabrielli/sxc.hu ; **Unité 4** p. 59 García Ortega ; p. 60 iStockphoto.com/KrivosheevV, iStockphoto.com/kaisphoto ; p. 63 Lize Rixt/sxc.hu ; p. 70 nickalot/sxc.hu ; Dario Pintaric/sxc.hu, Alessandro Paiva/sxc.hu ; **Unité 5** p. 78 García Ortega, risastla/flickr, Sue Byford/sxc.hu ; p.80 Helmut Gevert/sxc.hu, Stuart Bell/sxc.hu, Lucretious/sxc.hu, djean911/sxc.hu ; p. 81 Bessy Cruz Cabrera, Rico Jensen/sxc.hu, Zumberto/sxc.hu ; p.82 Roger Kirby/sxc.hu ; p. 84 George Popa/sxc.hu, iStockphoto.com/Summit's Peak ; **Examens** p. 95 García Ortega ; Gavin Spencer/sxc.hu ; p. 96 Bev Lloyd Roberts/sxc.hu, Griszka Niewiadomski/sxc.hu, eric bernard/sxc.hu ; p.104 Josephine Carino/sxc.hu, Stephen Wall/sxc.hu, García Ortega ; p. 112 iStockphoto.com/Boone, iStockphoto.com/Michael Krinke, Stockphoto.com/Vasko Miokovic Photography ; p. 114 Michela/flickr ; p. 120 Gary Bembridge/flickr, Laurent Violette/sxc.hu, matthains/sxc.hu ; p. 122 Petr Kurecka/sxc.hu, Davide Guglielmo/sxc.hu, Davide Guglielmo/sxc.hu, John Siebert/sxc.hu, Davide Guglielmo/sxc.hu ; p. 124 Troy Stoi/sxc.hu, Gabriella Fabbri/sxc.hu.
N.B : Toutes les photographies provenant de www.flickr.com, sont soumises à une licence de Creative Commons (Paternité 2.0 et 3.0)

Remerciements
Séverine Battais, Gema Ballesteros, Marina Catalá, Garance Martineau, Olivier Salingue.

Studio d'enregistrement
Blind Records

Cet ouvrage est basé sur *Les clés du nouveau DELF A2* (Difusión, Barcelone).

Tous les textes et documents de cet ouvrage ont fait l'objet d'une autorisation préalable de reproduction. Malgré nos efforts, il nous a été impossible de trouver les ayants droit de certaines œuvres. Leurs droits sont réservés à Difusión, S. L. Nous vous remercions de bien vouloir nous signaler toute erreur ou omission ; nous y remédierions dans la prochaine édition.

Les sites référencés peuvent avoir fait l'objet de changement. Notre maison d'édition décline toute responsabilité concernant d'éventuels changements. En aucun cas, nous ne pourrons être tenus pour responsables des contenus de liens vers des tiers à partir des sites indiqués.

ISBN : 978-84-8443-669-0
Dépôt légal : B-26.749-2010
Imprimé en Espagne par Tesys
1re édition : juin 2010

Français
Langue
Étrangère

C/ Trafalgar, 10, entlo. 1ª
08010 Barcelone (Espagne)
Tél. (+34) 93 268 03 00
Fax (+34) 93 310 33 40
fle@difusion.com

www.difusion.com

22, rue de Savoie
75006 Paris (France)
Tél. / Fax (+33) 01 46 33 85 59
info@emdl.fr

maison des langues

www.emdl.fr